董事会成员的风险指南

The Board Member's Guide to Risk

［美］戴维·R. 柯尼格　著

（David R. Koenig）

［美］丁大庆　译

中国财富出版社有限公司

图书在版编目（CIP）数据

董事会成员的风险指南／（美）戴维·R. 柯尼格（David R. Koenig）著；（美）丁大庆译 . —北京：中国财富出版社有限公司，2022.9

书名原文：The Board Member's Guide to Risk

ISBN 978 - 7 - 5047 - 7755 - 3

Ⅰ.①董…　Ⅱ.①戴…　②丁…　Ⅲ.①董事会—管理体制—风险管理—指南　Ⅳ.①F271.5 - 62

中国版本图书馆 CIP 数据核字（2022）第 160115 号

著作权合同登记号　图字：01-2022-3036

需要了解有关本书或者有关作者的更多信息，请访问网站 www.davidrkoenig.com 。

译者简介

　　丁大庆曾获中国北京大学空间物理学士、中国科学院空间物理硕士、美国阿拉斯加费尔班克斯大学空间物理博士和美国芝加哥大学布斯商学院工商管理硕士等学位。

　　丁大庆博士是美国索罗威资本与风险顾问有限公司（SolarWind Capital & Risk Advisors，LLC）的创始人、总裁和首席执行官，在纽约担任金融机构和投资客户的高级顾问，在跨资产类别和跨区域市场的金融投资、产业投资、跨境并购、资产管理和风险管理等方面提供咨询服务，并提供定制的专业培训。

　　丁大庆博士曾先后担任国际职业风险管理师协会大波士顿地区联席负责人、大纽约地区指导委员会委员、大纽约地区顾问委员会委员。丁大庆博士还是国际董事及首席风险官集团网络风险治理委员会委员。丁大庆博士拥有超过25年的美国华尔街金融企业风险管理经历和海外对冲基金行业工作经验，并熟练掌握大量的金融工具、多元化的传统资本市场交易手段和另类资产管理的投资策略。在创业前，丁大庆博士曾经在多家著名的大型国际金融机构担任风险管理的高级职位，包括：美国管理35亿美元资本的大型全球宏观策略对冲基金创始首席风险官，美国管理65亿美元资本的大型多种策略对冲基金资深副总裁和首任首席风险官，法国投资银行风险总监和德国商业银行纽约分行风险副总监等。

丁大庆博士积极参与中国金融安全行业与金融科技行业的发展与活动，并出任北京金融安全产业园专家顾问委员会委员和北京鑫科金融发展研究院资深顾问。丁大庆博士还担任中国绝对收益投资管理协会理事会理事和上海北外滩绝对收益投资学会理事会理事。

联系方式：

Dr. William Ding

SolarWind Capital & Risk Advisors, LLC

45 Rockefeller Plaza, 20th Floor

New York, NY 10111, U. S. A.

Tel：+1(212) -332 -8198

Cell：+1(609) -372 -7118

Email：wding@ solarwindcapitaladvisors. com

WeChat：NewEdgeQuant

译者致辞与鸣谢

　　《董事会成员的风险指南》是戴维·R.柯尼格先生在2020年春天完成的最新著作。译者非常高兴能够有机会，将戴维·R.柯尼格先生这本内容丰富、通俗易懂的有关董事会风险治理的小册子介绍给中国读者。本书最初的中文翻译稿是译者在2020年夏天新冠肺炎疫情期间"居家工作"时完成的。随后，在2021年秋冬之际，译者又对本书全部的翻译稿做了进一步的整理和修改。

　　中国的资本市场在过去的30多年里得到迅速的发展。在中国，上市公司的风险治理和风险管理一直受到政府监管机构与投资人的密切关注。中国的监管机构以及司法部门，曾对于康美药业公司财务造假、操纵市场、违规披露重大信息，以及单位行贿等违法行为，在进行了严密调查之后做出了严肃的处理，涉及康美药业财务造假一案的外部审计机构和5名独立董事也因连带责任而被处以巨额罚款。一时间，康美药业独立董事被罚一事不仅导致了超过40家A股上市公司独立董事的"辞职浪潮"，还引起了市场上有关各方对于上市公司的风险治理、风险管理及独立董事制度的热烈讨论。

　　就像20多年前曾在美国发生的安然公司（Enron Corporation）舞弊案一样，康美药业公司财务造假一案也再一次从反面提醒市场参与各方不仅需要密切关注，还要不断加强与完善上市公司的风险治理和风险管理。译者希望《董事会成员的风险指南》一书的翻译出版，能够帮助感兴趣的读者对于目前世界上公司风险治理方面的最新理念和最佳实践有所了解。与此同时，译者还希望这本书在中国上市公司的风险治理、风险管理及独立董事制度的讨论中能够起到积极的和有意义的指导与借鉴作用。

在此，译者还要特别对于李放女士在本书的翻译和修改过程中所提供的巨大帮助表示衷心的感谢。她在语言修辞与翻译润色方面的优秀才能、真知灼见和无私协助使得本书的翻译稿变得更加完善。

2022 年 1 月于美国

译　序

在二十一世纪的前四分之一接近尾声之际，中国和中国公司正趋近于世界领先的地位。在这一过程中，中国的发展和中国公司的成长所产生的深远影响是前所未有的。

在即将来临的下一个十年里，中国很有可能成为全球最大的经济实体。中国和中国公司的崛起使全球商界将面临有史以来最具有活力和最富有竞争力的环境。快速的技术革新，紧密相连的全球经济，气候变化的影响，新冠肺炎疫情的冲击，甚至是地缘政治的结盟，都会使得董事会成员的角色在当今比以往任何时刻都更加具有挑战性。

风险是董事会要讨论的首要议题。然而，仅仅从潜在损失或者是需要控制风险的角度来讨论风险的话，风险承担方面的治理工作就可能功亏一篑。掌握风险知识将为公司寻求、把握和利用在经济活跃时期和中国崛起之际所出现的种种机遇带来巨大的动力和尚未充分发掘的潜力。

《董事会成员的风险指南》一书为面临挑战的董事会成员带来独具特色的帮助。换句话讲，这本书的内容是每一位董事会成员都应该认真阅读的。

企业要在未来的几十年里蓬勃发展，甚至仅仅是为了维持生存，都需要了解如何最好地利用风险来实现自己的目标。我们不仅需要了解为什么有些曾经蓬勃发展的企业会突然间衰退而变得无足轻重，而且需要了解在一个共同财产的框架下不断试验与持续创新的重要性，从而确保公司在以符合集体价值观的方式运营的同时，创造长期的价值。

《董事会成员的风险指南》是与你阅读的其他任何有关企业成功的著作完全不一样的书籍。现在正是来阅读这本书的时候。

2022 年 1 月于美国

作者致辞

　　谨将此书献给所有在新冠肺炎疫情期间无私无畏挺身而出帮助别人的人们，特别是那些冒着生命危险拯救病人的医护工作人员。他们为我们树立了勇敢的榜样。我的父亲曾是一位家庭医生，他不幸在去年（译者注：2019 年）过世了。因此，这本书也献给他作为纪念。父亲曾经是一位优秀的医生，手里拎着他黑色的皮包去病人家出诊，在自己的诊所里接待病人及病人的家属，为产妇接生和为病人做手术。尽管他没有正式明确地这样表达过，但是父亲的心里一直都很明白，作为一名医生，他不仅仅是行医开药，而且需要从整体上照顾好每一位病人，包括病人的身体、心灵和精神。不管你是从事哪一种职业，如果你也是基于这样的一个原则来关心照顾他人的话，我都要对你深表谢意。

作者鸣谢

我非常真诚地感谢 W. 布鲁斯·本森、萨拉·福斯特、卡罗尔·格雷、达琳·哈尔瓦斯、简·辛里奇丝、西尔维娅·柯尼格、乔恩·卢科慕尼克、巴特利·J. 麦登、戴维·X. 马丁、亚瑟·莫纳汉、阿米迪·普罗佛斯特、科克·特罗等人仔细地阅读了本书的初稿。虽然仅我一个人对本书中所写的内容负全部责任,但是他们的真知灼见使本书变得更加完美。

在此我还要向董事会成员与首席风险官风险治理委员会(Directors and Chief Risk Officers group,DCRO)的全体成员表示感谢。感谢他们贡献出了宝贵的时间来与公众分享风险治理的最佳实践。他们是一群既知识渊博又慷慨大方的专业人士。我从他们那里汲取到知识与智慧。

我还要感谢芭芭拉·凯福·亨德里克斯和玛丽-何塞·普里维克在本书中增添的一些内容和所提出的建议。虽然看起来是些微小的建议,但它们使得本书的内容臻善臻美。

另外,我还非常感谢本书的两位编辑,海伦娜·巴赫曼和唐纳德·布拉特兰。唐纳德·布拉特兰拥有丰富的图书出版的编辑经验,他犀利的目光能够看出许多我无法看到的问题。海伦娜在语言修辞及修改文稿方面付出了巨大的努力。

最后,我还要感谢唐纳德·布拉特兰和福尔摩斯设计公司为本书的排版、印刷和封面设计所提供的优质服务。唐纳德和他的妻子是名副其实屡获殊荣的图书出版专业人士。从他们的才干和友谊之中我获益匪浅。如果你觉得这本书看起来赏心悦目的话，那么你毫无疑问地也是受益者之一了！

名人书评

"对于现任的和潜在的董事会成员来说，以及对于那些准备扩充和加强董事会的公司来讲，这都是一本不可多得的参考书。这本十分有趣的书不仅通俗易懂，而且针对公司所面临的种种风险做出了精辟的分析和总结。这一切我会留给读者们自己去发现。"

——亚瑟·莫纳汉，花岗岩股权合伙人公司共同创始人

"这是一本出类拔萃的书。它的长度、语气和内容都恰到好处。能够以如此精练的方式来阐述风险这样一个广泛的主题，充分显示了作者对于风险这个主题以及公司治理所起的作用都有非常深刻的理解。在阅读这本书的过程中，我不由地思考：在新冠肺炎疫情稳定后的环境里，我所服务的董事会应该如何考虑风险？通过下放权力，快速解决问题和增强信任来建立抵御风险的能力是我读完这本书之后最深刻的体会。我期待与我所在的董事会的其他成员一起来分享这本书。"

——卡罗尔·格雷，IFM 投资者公司董事会成员，特伦特大学理事会成员，
美国运通公司董事会成员

"本书中对于风险的重新定义是非常有益的。所有董事会都应该一起来阅读这本书。这样所有人就可以在同一种范式下工作，或者是说经

历同一个范式的转变。"

——萨拉·奥奎斯特，林地国家银行董事会主席，沃克艺术中心董事会成员，

米切尔·汉姆莱恩法学院客座教师

"这是一本写作精心并具有真知灼见的书。我深信它将会成为所有董事会成员必备的风险指南。"

——巴特利·J. 麦登，《创造价值的原理》一书的作者

"阅读这本书就像品尝一瓶美酒，我一饮而尽。是的，这本书也像一部优秀的旅行指南——它告诉你在承担风险的旅途中有哪些东西是一定不要错过的。

——戴维·X. 马丁，网络风险管理专家，金融稳定中心特别顾问，

联博集团前首席风险官，骑士桥资本前主席及首席执行官，

纽约大学斯特恩商学院客座教授，《风险的本质》和

《风险与机构投资人》的作者

"当企业面临各种风险的时候，董事会成员想要提出正确的问题、做出良好的决策并提供适当的战略性指导，他们就应该认真地阅读这本书。戴维文笔清晰、见解独到，不仅用趣闻轶事生动地阐明了自己的观点，而且提供了在现实世界中切实可行的建议。"

——米歇尔·渥克，《灰犀牛》一书的作者

"本书高水准地概述了董事会成员应该如何改善公司风险承担方面的治理。本书内容引人入胜，书中有许多具有实用价值的案例和趣闻轶事。与此同时，本书为帮助指导董事会的决策过程提供了多个实用性强的治理模式和有益的参考读物以便用于更深一步的研究。对于任何

寻求加强公司董事会战略决策的董事会成员来说，这都是一本必不可少的读物。"

——简·辛里奇丝，巴克莱全球投资公司前首席风险官，
加州大学伯克利分校哈斯商学院前讲师

"看有关风险的书籍常常使我感觉像在一连串无边无际的风险波涛中挣扎，其中任何一种风险都可能使我沉没。这本书恰恰相反，它抛给了我一根救命的绳索，实际上是很多根救命的绳索。这本关于风险的书是专门写给董事会成员的，而不是吓唬他们去购买顾问咨询服务的。这本书不仅专业性强、切合实际，而且还具有实用价值。"

——乔恩·卢科慕尼克，辛克莱资本经理合伙人，《他们用你的钱做什么》
和《新资本主义者》的作者

"本书完成了作者的初衷，为董事会及其成员提供了一个框架，用以加强机构承担风险治理的职责并成功地追求他们的战略目标。全书的内容安排紧凑、逻辑性强、章节之间遥相呼应。书末最后一章在总结、归纳和指明未来的行动方向等方面给人留下深刻的印象。这是一本绝好的参考书。"

——萨拉·福斯特，卡勒顿学院非营利董事会成员，
"里程碑返校活动"项目主任

"这本书已经在我必须阅读的书单上了。"

——戴维·芬妮，《战略、风险与治理》一书的联合作者，查理·H.贝斯特，
糖尿病中心董事会成员和治理委员会主席，中一信用社前首席风险官，
全球风险研究院前董事总经理

"这本书写得非常好，简洁精练、内容新颖、引人入胜。书中两个不断重复的主题——风险是必不可分的，信任是必不可少的——使我联想到我的职业生涯中所经历的相关场景：教会与学校。在我看来，这两个主题在教会与学校就像在商业界一样，也是同样适用的。书中所概述的各种原理是永恒的，这本书的出版也是非常及时的。我希望有很多人来阅读这本书并将书中的原理广泛地付诸实施。这本书写得太好了！"

——W. 布鲁斯·本森，无线电"欢唱"节目主持人，

圣·欧拉夫学院退休主任牧师

"泛泛地谈论风险和专门地讨论风险管理的某些专题的书籍已经有很多，举不胜举。有的书写得不错，也有的书不过如此而已。如果你是一位董事会成员，但是由于某种原因你对于风险这个概念还不熟悉的话，那么这本书对于你来说是再适合不过的。你可能很难再找到另外一本像戴维这样专门针对董事会成员所写的好书了。"

——米凯尔·费德洛夫，俄罗斯风险管理协会2018年度

"风险经理风云人物"

CONTENTS

目　录

引　言

企业的存在就必须承担风险，这毋庸置疑。

事实上，所有企业或者是机构组织的存在都必须承担风险。在任何时刻，当我们为了达到某一种目的或者是为了完成某一个目标而聚集在一起的时候，我们就承担了风险。如果我们不承担任何风险，就无法超越现状。实际上，当创新、竞争和缺乏热情的客户正在缓慢地蚕食掉我们今天所享有的优势的时候，不承担风险是注定要走向失败的。

你很可能听到过这样的一种说法，即风险与机遇是同一枚硬币的正反两面。我认为这一说法是错误的。当我们把风险作为损失而机遇作为获利来考虑时，"风险"被赋予了一种负面的色彩。当风险被简单地视为负面的东西时，对于风险负面的思维框架，直接地影响到了我们有关风险的决策过程。一旦一个东西被赋予了负面的思维框架，那么这个东西就被置于需要回避的地位，于是许多人固有的偏见意识也由此而产生。我们都知道，如果风险总被视为是负面的东西，我们就无法做出有关承担风险的最优决策。这既是人类的本性，也是我撰写这本书的原因之一。

好的企业会信心十足地承担风险。那么我们在治理公司时，也必须以负责的态度和理智的方式来承担风险，这种公司治理模式将会帮助我们增强经营公司的信心。如果你还没有达到这样一种境界，这本书应该能够帮助你开始朝这个方向迈进。

这本书要讨论的内容并不是风险管理，因为风险管理只是告诉你公司中的有关人员具体应该如何去做。而这本书要讨论的内容是如何帮助董事会以及每一位董事会成员更好地治理一家公司以及承担风险的决策过程，即怎样做才能够更好地来追求你和你的高级行政管理层所确定的战略目标。本书简明扼要、实用性强、起帮助作用并富有成效。

这不会是你读到的最后一本有关上面所涉及的内容的书，但希望是你能够读到的概述全面的第一本书，它有助于在董事会层面承担风险的决策讨论过程中建立起一种共同的语言。正是出于这样一个原因，董事会的每一个成员都应该来读一下这本书。

这本书就好比一个旅行指南，它不会具体地告诉你某一家博物馆里所有可以参观的内容，但是它会提示你在旅途上有哪些重要的博物馆是一定不要错过的。当你读完这本书之后，在书的结尾处会引导你去看一个线上的参考资料网站，在那里你可以找到基于本书中所讨论过的全部内容的更多信息。在那个网站上，你可以找到其他的董事会成员、公司高级行政管理层人员和意见领袖人物就"作为受托人，怎样做才最行之有效"的讨论。如果你想对于本书中所介绍的概念与内容做更深入的了解，该网站还推荐了几本相关的参考书籍，其中也包括我所撰写的第一本书，即《治理的重新构想：组织设计、风险与创造价值》。在书里对于我所倡导的网络型和分布式的公司治理模式进行了更加详细的阐述和讨论。

更重要的是，这本书也是与复苏有关的。面对新冠肺炎疫情在全球的蔓延，我们经济生活的诸多方面，甚至于一些企业的全部经济活动都被冻结了。目前的焦点是怎样做才能够在大众医疗健康和经济继续向前发展之间找到恰当的平衡。在董事会层面如何考虑和对待风险都将会直接地影响到企业怎样才能够迅速地从这次健康危机中复苏，特别是目前的这个健康危机也正在迅速地转化成为一个社会的和经济的危机。

当我们踏上征程去了解如何才能够更好地承担风险时，我们首先必须对于风险一词的含义有一个共同的理解。换句话说，如果风险不仅仅是损失的话，我们应该如何看待风险？特别是当大多数人仍然是戴着负面的有色眼镜来看待风险的情况下，有关风险的讨论应该在一个什么样的思维框架下展开？

什么样的风险是应该由董事会来考虑的？董事会在考虑风险时应该采取什么样的方式才能够增强自身的作用，以便更好地实现我们的目标？

为了支持董事会，我们应该在公司中部署什么样的公司治理架构？

最后，这种新的对风险的理解和对风险治理的认识，如何才能够帮助我们不断地为那些需要或者是希望得到我们帮助的人们改进所提供的服务？如果你是一个提供人道主义服务的非营利性慈善机构的董事会成员，那么这个问题在新冠疫情暴发期间就显得尤其重要，因为对于你们所提供的服务的需求可能大大增加了，而与此同时应对这些需求的财务资源或许正在不断减少。

董事会成员会很自然地考虑他们所服务的公司的未来价值，公司的未来价值或许上升、或许下降，也可能会在原地徘徊。而这个未来价值实际上是由他人来决定的。风险是对于公司未来可能变化的价值分布的一种描述，它完全取决于公司承担风险所做出的选择与决策。但是，并不是所有的董事会成员都会自觉地意识到外界对你公司的印象在确定你公司的未来价值时所起的关键作用。然而，这恰恰就是我们将要在这本书中通篇讨论的。

我们的公司承担风险的结果并不是简单地像扔硬币那样是一个对称

的分布，即好的结果与坏的结果会以同等的概率出现。恰恰相反，我们作为承担风险的公司治理者的职责就是要创造这样一种环境，使得公司承担风险的能力有更大的可能性增加，而不是减少公司的未来价值。

这也是本书作者撰写这本书的初衷。希望你不仅仅是阅读它和分享它，还能够在治理公司的过程中应用它。我们的目标是为你的公司的未来价值创造一种正偏态分布①。无论你从事的是哪一种行业的工作，这样的追求是非常可贵的。

---

① 偏态分布是一个描述随机数据的观测结果或者是预测结果的统计名词，它不同于对称的正态分布。这种不对称的偏态分布既可以是正偏态的，也可以是负偏态的。如果你对于偏态分布这个统计名词并不熟悉，在本书的附录里可以找到有助于了解它的示意图以及它对于你公司的重要意义。

第一章　风险的含义

在我们的董事会要就风险开展一个富有成效的讨论之前，董事会成员对于风险的定义能有一个共同的理解是十分重要的。在阅读本书之前，如果在董事会里进行一次民意调查，你就很有可能发现大多数的董事会成员都会认为风险是潜在的损失，或者风险是对于未来的不确定性。虽然这两种观点都不算错，但是它们也不完全对，因为这两种观点所遗漏掉的内容使得你无法充分地了解你公司承担风险的全部潜力。

在这一章中，我们首先来谈一下有关风险的两种定义，即损失和不确定性。实际上是很容易理解的，因为它们太常见了。然后我们还会以几种不同的方式来重新定义风险。这样做是为了我们可以用像讨论资本投入、市场营销策略，以及公司绩效等同样的方式来讨论风险。我们通过改变思维方式来统一对风险的认识，风险与公司的未来价值相关，而公司的未来价值既有可能上升也有可能下降，但是公司未来价值上升和下降的概率是不相同的。

提高公司的未来价值就是我们努力工作的目的所在，而要做到这一点是一定要承担风险的。

风险作为损失

好了，首先让我们把风险看作损失。设想一下在两个建筑物之间有一根绷得很紧的绳索。踩着这根绳索从一个建筑物走到另外一个建筑物是一件十分危险的事情，因为一不小心跌下去就有可能一命呜呼。同样的道理，闭着眼睛过马路是十分危险的，喝臭烘烘的水也是十分危险的。

简言之，你大概不会冒险地去做上面所提到的三个例子中的任何一件事情，因为你对于健康受损的恐惧会一下子制止你的冒险行为，或者会促使你去采取规避风险的行动。恐惧会触发我们"不战即逃"的本能反应，同时也会关闭我们理性思维与推理的"功能"，因为这一部分的大脑反应原本就比较缓慢。一旦我们遇到真正的危险并需要马上做出决定的时候，我们不愿任何东西来延缓我们的决策过程！

在下面的一章里，我们会了解更多有关这方面的内容，因为在某些情况下，关闭理性推理而做出本能的反应是可取的。但是，在大多数的情况下，负面思维下的任何选择，都会以一种无益的方式改变公司最终做出的决定，例如"如果我们这样做的话就可能损失三百万美元"。获得诺贝尔奖的行为经济学家和心理学家都已经反复地论证了这种带有偏见的负面思维方式对于决策结果所产生的巨大影响。在本书下面的章节里，我们将会继续讨论如何才能够战胜这种带有偏见的负面思维方式。

当董事会在考虑动用公司所有形式的资本的长期战略时，我们希望尽可能地保持清醒的头脑，而不希望由于一些已知的偏见而造成董事会做出错误的判断。

因为，你、我和其他很多今天生活在世界上的人都是进化论的产物，所以这种本能的生理反应在我们的有生之年是难以改变的。因此，在任何由于人类的本能而影响到我们公司未来价值的情况下，我们都需要解决好这个问题，包括在公司董事会的会议上。任何人都不应该让恐惧来主宰对于商务计划的投票。

风险作为不确定性

当我们开始把风险与不确定性联系在一起的时候，比在负面思维的影响下稍微有了一些进步。有关一件东西未来价值的不确定性既包含了未来价值的增加，也包含了未来价值的减少。一旦建立起风险与不确定性之间的联系，我们就可以开始承担风险而不是让负面思维的影响来干扰我们的决策过程。尽管如此，风险作为不确定性这样一个概念仍然无法为我们提供可以理性看待风险的方法。事实上，行为学研究已经表明：受这种不确定性的影响，我们在感觉到潜在的巨大损失时，会要求感觉到的潜在收益是潜在损失的 2 ~ 3 倍。这样的做法无疑将会放弃一些有风险的项目，而它们加在一起是有可能提供可观的投资回报并为公司创造价值的，特别是在一个充分多元化的投资组合的活动中。

风险作为最低投资回报率

当感觉告诉我们，潜在收益是感觉到的潜在损失的 2 ~ 3 倍时，我们的大脑为我们决定了一个最低投资回报率的舒适区。它虽然并不一定是一个理性的最低投资回报率区间，但是为我们划定了一个我们将会采取行动的最低标准。下面就是一个计算最低投资回报率的例子。

设想一个你在楼道里行走的情形。前面有一个非常黑暗的房间，门口还站着一个人。这个人向你打招呼，你小心翼翼地朝前走。这时门口的这个人向你提议说：如果你进入黑屋后一直朝前走，摸到对面的墙后再走回来，当你从黑屋里走出来的时候，我会给你 1000 美元的奖励。你不仅对于黑屋里面的情况一点都不了解，而且实际上就在此时此刻，一些奇奇怪怪的声音也从黑屋里面传了出来。

你对于门口这个人的提议的评估将会是基于多种因素的，其中包括你的个人偏好和你对于这个人的信任程度等。当然，谁不喜欢拿到1000美元的奖金呢？

然而，为了能够拿到奖金，首先你必须要能够确保你自己的安全。那些奇奇怪怪的声音完全是不正常的，而且房间里面也是一片漆黑。你应该做一些什么样的准备才能够更有把握地达到你的目的呢？

这里还有一个有利的因素：因为你是一位富有魅力的人，拥有丰富的资源可以为你所用。例如，你可以花 100 美元去买一个高端的手电筒。花费一个确定的成本费用，得到一个高端手电筒，你可以照亮房间的一部分，从而降低一些潜在的风险。或许你还能够看清楚屋子里面奇怪声音的来源，或者是藏在屋子里面的其他危险。然而，尽管有了高端手电筒，你仍然无法一下子就看清楚屋子里面的一切。所以在这种情况下，还是没有足够大的诱惑力来吸引你接受门口那个人的提议。

这时你想起从小区里的租赁公司可以租到一盏高功率的强力探照灯。利用这盏强力探照灯，你可以照亮整个房间。租用强力探照灯的成本费用是 400 美元。现在你是否做好了准备，进入黑暗房间并完成有可能获利 600 美元的任务？

最后，你的一位好友走过来并向你建议说："你如果预付给我 800 美元，我可以替你到黑屋里走一趟"。有人愿意亲自承担风险这个事实是否会促使你决定接受黑屋门口那个人的提议呢？毕竟，如果你的朋友能够活着回来，计算一下你还是能够净获利 200 美元的。这个结果虽然跟原来的 1000 美元奖金比起来相去甚远，但是至少你的人身安全不再是一个问题。

归根结底，你所面对的是一个商务决策问题，它同时也是一个风险管理的决策问题。

在上面的这个例子里，黑暗房间及其门口所站的人代表了风险。站在门口那人的提议既有潜在的上行获利的一面，也有潜在的下行损失的一面。高端手电筒和强力探照灯代表了不同形式的风险管理，即通过照亮黑暗房间的程度来帮助你做出较好的（风险调整后的）决策。你那位自告奋勇的朋友代表了一个称之为"风险转移"的概念。在一定的价格下，有人愿意承担你所面临的具有潜在生命危险的风险。

你最终的决策是基于你所预期的投资回报是否足够高于你承担风险的成本，尤其是在与其他的投资机会做了比较之后。

在现实生活中，特别是作为董事会成员，在考虑公司的长期战略规划的时候，我们会常常遇到变化不定和黑暗程度不同的房间。由于公司承担风险的基础架构和业务流程所提供的"照明度"不同，照亮我们为之努力的现有价值和未来价值的程度也不同，因此公司承担风险所需要超越的最低投资回报率也会有所不同。

风险作为成本

从某种意义上来讲，最低投资回报率促使我们对于各种投资的选择做出更缜密的思考，它同时也建立了在我们采取行动之前对于承担风险所必须预期的一个投资回报标准。最低投资回报率可以产生类似于成本配置的作用。你和你董事会的同事或许在"把风险作为成本"这个框架之下来看待风险会感到更加舒服一些。"你说的是成本吗？这个我们知道应该如何管理！""目前市场上行情不太好？那我们在管理成本时要更加小心一点。""那个新的机器设备需要多少钱？没有问题，不仅经费充足可以买得起，而且这个设备已经在我们的财务预算之中了。"

　　成本是实实在在的东西。尽管成本有时是可变的，但是它不仅出现在我们的收入账目中，还是整体的利润（盈亏或者是盈余）方程中的一个组成部分。我们更习惯成本管理，因为在我们成功的职业生涯中，不仅一直对成本管理得很好，还有着多年的丰富经验。我们会被邀请加入这个公司的董事会也正是我们职业生涯成功的写照。

　　在上面的故事里，当我们请别人来替自己承担风险的时候，我们找出了风险的成本。我们当时的选择是：为了有可能得到 1000 美元的奖金而预先支付 800 美元。在现实生活中，我们一般都是由自己来承担与我们开展的业务相关的大多数风险，而不是把风险转移给别人。在这种情况下，每一项业务的风险成本又是多少呢？如果我们把风险全部保留在公司内部由自己承担，又如何能够把风险视为成本呢？

　　我们将风险视为成本的目的就是把风险转化为公司账目上的一个单项成本费用。曾经出任过瑞士银行集团财务总监和新加坡主权基金公司董事总经理的克里斯·马腾先生有一次曾和我一同出席过一个国际会议。当我们一起站在台上的时候，克里斯·马腾指出，风险是一个最大的、不出现在公司收入账目中的数字。他的观点不仅那时是正确的，现在也依然是正确的！当他提出这个观点的时候还是 2003 年。

　　从那以来，我们对于风险的理解已经有了巨大的进步，特别是在我们应该如何将风险转化成为一个单项成本费用方面。我们现在不仅拥有更高的透明度、更完善的市场和更好的技术手段，而且对于一个公司在追求自己的目标以及开展各种业务时需要多少资本有了更加深入的了解，无论这种资本需求是在整个公司层面还是在公司的每一个具体的项目层面。这种日益增加的有利条件使得我们有机会能够更加准确地确定我们各种业务活动所承担的风险的成本。如果你在就某一个项目做决策的时候并没有考虑到全部材料的成本（译者注：包括风险的成本），那么就会遇到相当大的困难而无法做出正确的决定。这也正是克里斯·马腾所抱怨的风险没有被很好地反映在公司财务报表中的原因。

我们开展业务时所动用的大多数的资源都是具有相应的成本的。我们是否把员工费用控制在营销收入的 62% 以下？我们现行的企业研发成本费用是多少？我们购买的固定设备的成本是多少？我们营销收入中占多少百分比的费用是被用于偿还债务的？

上面所提到的种种费用都是不同形式的资本，包括人力资本、物质资本和金融资本。这些不同形式的资本都是有成本费用的。因此，所有的公司都有一个总的资金成本费用。不过请注意，严格地讲，这并不是金融教科书上的资金成本。但是，一般而言，我们所得到的结果与之差不了太多。

在上面所有的例子中，我们必须找出需要付出什么样的代价才能够使他人愿意为我们提供他们的资本，这既可能是他们的时间与技术，即他们的智力资本，也可能是实体店铺或者是某种特殊的设备，即物质资本。最终而言，所有形式的资本的使用都需要某种形式的融资，不管是来源于现有的营销收入、亲朋好友、信用卡、捐赠款项、银行贷款，或者是主动地在全球金融市场上发行债券或者是股票。

上面提到的不同形式的融资都是有成本的和有极限的。实际上，当你外部的资金供应商所提供的融资数额越接近于这个极限时，你的融资成本就越高。我们希望减少管理成本并要确保我们的公司能有效地把承担风险的成本作为一个输入参数纳入所追求的目标之中。

风险作为一种商品

因为所有的资本都可以视为一种具有稀缺性质的商品，所以获得资本的结果并不等于有了保障。你是否曾经问过人力资源部门，在失业率下降到3%的环境下招聘市场的情况如何？或者是，一旦你的（资金）供应链断裂了，你是否发现恢复你的供应链的成本已经发生了变化？

如果风险资本是一种稀缺商品并具有一个变化的成本，我们应该确保在承担每一次投资风险的时候，都有可能获得高于风险成本的回报。如果不是这样的话，就不应该花钱来承担这样的风险。当风险作为一种商品时，我们能够获得的风险资本的规模与条件是由外部的因素，即外界对于我们的印象所决定的。当外界与我们公司打交道时，他们的上行获利与下行损失相比是怎样的？或者说，他们的上行获利与他们的资金成本相比是怎样的？他们是否还有其他更好的选择？

如前所述，风险资本也是具有稀缺性的。因此，当我们把有关风险资本的讨论转移到获取一个具有一定价格的商品的框架下来进行时，这有助于大多数董事会的董事们在一个他们所熟悉的环境中开展这个讨论。这样做也有利于认清风险资本作为一个输入参数的价值。现在我们开始解决克里斯·马腾所抱怨的问题，同时这也帮助我们改进自己所从事的工作。

承担风险的能力（译者注：风险资本的供应）并不总是有保证的，就像和其他的稀缺商品一样，有时会遇到供应不足的问题。然而，就风险资本而言，它有时供应不足的原因是由公司自身所引起的，是可以避免的。

风险与信任

现在我们要做的，也是最重要的，是对风险做一次重新定义。承担风险是与风险对信任的影响有关的。信任可以视之为"可接受的不确定性"和在与我们进行业务时"他人愿意接受我们的薄弱环节的程度"。① 这两者都是由感情所驱动的。当我们风险治理得好的时候,对于信任的影响是正面的,并且减少了对方的恐惧感,它不仅影响到对方对我们的信任程度,还影响到对方向我们提供资本的收费标准。

在我对优良的风险治理与公司创造价值之间相关性的研究工作中,我开发了一套上市公司信任评级的标准模型。毫不奇怪(至少对于我来说是这样),与信任评级最低的公司相比,信任评级最高的公司显示出诸多的优越性。从 2017 年年底开始算起的 12 个月中,高信任评级公司与低信任评级公司相比:

1. 其等效的加权平均资金成本至少低 30 个基点。

2. 其股票价格波动率至少低 30%。

3. 其所产生的中位数"经济利润"(译者注:投资资金回报 – 加权平均资金成本)为 11.4%,相对于低信任评级公司的 –2.9%。②

换句话讲,信任评级高的公司不仅绩效好,而且其绩效的不确定性也低。类似的结果在其他年份的数据中也可以看到。因此,作为一个结果,高信任评级降低了所有形式的资金的成本。就像是风险资本一样,信任也是一种宝贵的稀缺商品。

有关风险的讨论归根结底就是关于公司怎么做才能在我们和所有为我们提供资本的实体之间建立起信任,这些实体包括员工、客户、捐赠者、供应商、投资人、信贷供应商、退休人员等。

信任不仅可以促进所有的交易更容易地进行,还可以降低交易成

---

① 阿列克斯·陶德是 Trust Enablement Inc. 顾问咨询公司的前创始人。在一次富有远见的有关信任的谈话中,他与我分享了这些风险与信任的定义。

② 数据分析结果是基于公开市场的数据,从 2017 年年底开始到 2018 年年底。

本。在这样一个正面的框架下追求更高的信任也为我们提供了一种更好的承担风险的思维方式。我们所寻求的是增加他人对于我们能够实现他们的预期而给予我们的宝贵信任。通过风险资本是一种稀缺商品的概念，利用作为单项成本费用来管理风险，最终将风险与对于公司整体的信任联系在一起来改善公司董事会有关风险和承担风险的讨论的第一步。

总而言之，当我们在考虑和谈论风险的时候，要牢牢记住以下四点：

1. 我们所做的战略决策和执行公司的规划都将增加或者是减少公司的价值，只是具体变化的数目是未知的。我们必须承担风险，否则这个未知的数目最终一定是减少的。

2. 承担风险的能力，即风险资本，是一种需要我们竞争才能够获得的稀缺商品。这种稀缺的商品既可能朝我们而来（获取比较容易），也可能离我们而去（获取比较困难）。

3. 既然风险资本是一种稀缺商品，它的价格是变化的，那么我们公司必须要付出的风险资本价格应该与其他单项成本费用一样被考虑。

4. 人们对我们公司的信任程度，是我们的风险资本的成本有别于竞争对手的主要因素。这种相互间的信任程度越高，我们的风险资本的成本就越低，同时公司的价值也就越高。

第二章　风险对决策过程的影响

如第一章所述，我们希望把风险转化成我们认为是平常的和可以识别的东西。在理想的情况下，我们希望风险是能够被公司的员工所管理的。作为这样一个转化过程的组成部分，我们必须了解作为损失的风险，更恰当地说，作为威胁的风险，是如何干扰我们理性的和战略的思考过程的，以及它又是怎样干扰那些为我们提供承担风险能力（风险资本）的人们的思考过程的。

恐惧的情绪

对于人类在受到生命危险和其他重大威胁情况下的行为表现，社会心理学家已经做了很好的研究。2008 年的次贷危机以及后来由它所引起的全球金融风暴就是一个典型的例子，它展示了起源于某一行业上亿美元的损失是如何被成倍成倍地放大，最终导致了在全球范围内和在许多与原来那个行业的损失毫不相干的领域里的上万亿美元的损失。这样的风险扭曲被称为风险的"社会放大效应"，是一个已经被深入研究并且众所周知的现象。

对于一个意外的突发事件，一般有两种因素会导致人们做出情绪化的过激反应。首先，人们考虑的是这个事件是否威胁到他们自身。

他们会死吗？他们会损失很多的钱财吗？他们喜爱的人中是否有人会受到很大的伤害？甚至，他们的名誉是否会因为与这个事件有牵连而受到损害？

其次，他们会考虑是否有人真正了解这个刚刚出现的新问题。处理这个事件是否有专门的专家在负责？这些专家过去的可信度如何？我们现在是否可以继续信赖他们？

一个意外的突发事件要产生"社会放大效应"需要满足两个条件，一是这个意外突发事件会带来极为严重的威胁，二是与这个意外突发事件相关的问题，人们，特别是专家们，缺乏了解。2008 年的次贷危机正是这样的一个意外的突发事件，而人们对于 2020 年新冠肺炎疫情初期时的反应也显示出这同样是一个意外的突发事件。图 2.1 展示了一些人们熟悉的负面风险，以及这些风险的可怕程度和与其相对应的风险的未知程度。

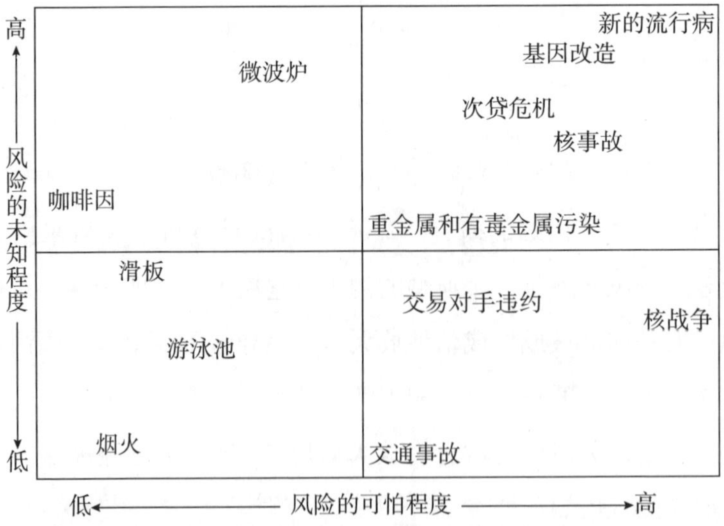

图 2.1　风险的可怕程度和与其相对应的风险的未知程度示意

资料来源：改编自保尔·斯洛维克和埃尔克·韦伯的《感知极端事件所带来的风险》，这是"不确定世界中的风险管理战略"讨论会所合作的文章，2002 年 4 月 12—13 日。

从某种程度上来讲，在对于你的公司所提供的服务或者是产品的反应中，由于担忧和缺乏了解也可能引起"社会放大效应"。我们希望无论你做什么都不要使你的客户和其他的利益相关者处于危险的境地。他们在一定程度上是信任你的。一旦他们对你的所作所为产生质疑，或者是对你的可靠程度表示怀疑，甚至于对你公司的生存能力表示担忧，就会对你失去信任或者是产生恐惧。这时，你将会看到你的产品或者是服务被人们抛弃，这就是"社会放大效应"的反映，这就是为什么在信任的背景下思考风险是那么重要。

我们一般利用三种不同的情感形式来处理意外的突发事件。[①] 首先，我们注意到人们用一些主观转换的数据来衡量意外突发事件对于他们个人的影响，例如"百年一遇的大洪水"。其次，我们发现属于某一个团体或者是拥有某一种文化背景会影响人们对风险的认知。在一些文化中，某些风险被认为是一定要认真关注的，而在其他的一些文化中，同样的风险则被认为是微不足道的。这种现象也包括某个特定公司的企业文化。另外，我们还看到人们对危险状况的情绪化反应以及人们感受的不同也会影响他们的判断力。刚刚我们提到过，这样的情绪过程是由两种因素所驱动的：①可怕的事情即将发生并将影响到他们个人；②是否有人，特别是，是否有专家人士，了解这个风险的起源并知道如何控制这个风险。

简言之，当我们的大脑受到恐惧的刺激时，我们难以做出长远而又深思熟虑的选择，只能为了生存而做出本能的反应。你不会希望任何一

---

① 美国普林斯顿大学的埃尔克·韦伯教授把这三种情感形式称为公理的（译者注：不言而喻的）、社会文化的和心理测量的范式。参见埃尔克·韦伯所写的《风险：决策与选择的实验研究》一文，发表在《社会科学与行为科学国际百科全书》，由埃尔瑟韦尔科学有限公司 2001 年出版。

个向你公司提供资本的人做出这样的反应，同时你也不希望这样的事情发生在你公司的董事会里。他人向你公司所提供的金融资本的成本与极限取决于你是否有能力避免任何负面的"社会放大效应"发生在你的公司。这个结论也适用于其他所有形式的资本。

如果人们相信你的行为，或者是相信你不会置他们于危险的境地，甚至是仅仅相信你不会令他们失望，负面的"社会放大效应"就会停止或者是不会发生。就像我们在后面还要谈到的，"社会放大效应"也有可能是正面的。这是治理你的公司，使其有更大可能增加价值的另一个重要的因素。

在下面的几章里，我们将要讨论的是你在你的公司里所需要寻找的一些东西，其目的是维护他人对你的信任，特别是对你在发生意外事件时做出反应的信任。接下来，先让我们来讨论一下董事会成员中出现的恐惧情绪以及恐惧情绪对董事会决策过程的影响。

群体思维和在感觉到威胁的情况下行动

群体思维是一个众所周知的现象，你可能已经熟悉这个概念了。如果不熟悉，让我来简单地解释一下。群体思维描述了密切联系的一个群体中，人们倾向于互相验证大家共同的观点并将与众不同的矛盾信息排斥在讨论之外。从长远看，这种群体思维是具有伤害性的，有时还可能是灾难性的。

如果一个紧密联系在一起的群体感觉自身正在受到攻击，这个群体成员之间的纽带就会被拉紧。美国人常说的"环绕篷车"描述的就是当年开发西部的拓荒者们在充满危险的旅途中遭遇到其他拓荒者或者当地土著居民的攻击时，将他们自己的车队围成一个圈子从而形成一道屏障来保护自己。这个生动的图像正是对我们的公司遭到攻击时群体思维心理过程的写照。

在这种情况下，董事会不是在查找"我们为什么受到攻击"的原因，相反，董事会冲动的反应就是避免公司死亡。在群体思维刚出现时，很可能是公司遭到攻击的起因没有机会得到讨论。因此，你也就无法探讨如何改变公司的行为能够防止将来公司再次遭到攻击。

群体思维与风险的"消失"

然而，这种群体思维的行为并不一定仅是当我们遭到攻击时才会出现的。事实上，当市场行情非常好，或者是在好的市场行情已经持续了相当一段时间的时候，自鸣得意的群体思维就可能阻止董事会去考虑那些与当下得意忘形者的态度背道而驰的新的想法或者是新的理念。这样的思维反映了我们对自己的过度自信，和我们自认为在才能与技能方面超人一等的优越感。

我职业生涯的早期阶段是在交易室里度过的，那时最常听到的警告就是"上帝欲使人灭亡，必先使其疯狂"。所有的公司或迟或早都会不可避免地出现新的问题，而这些新的问题终将会抹去人们脸上自满的笑容。当这样的情形发生时，在董事会和公司内部的反应或许就像"社会放大效应"中人们所经历的那样，对专家失去了信任。对于预期的结果感到失望也会进一步降低人们的信任。随着信任的降低，资本成本会不断上升。由于缺乏信任，可能会在董事会最被需要的时刻，董事会成员却无法让大脑发挥长远的战略性思维作用。当你受到周边环境的威胁，或者是受到你不再信任的人的威胁时，事情的演变过程往往的确如此。

董事会的组成和避免群体思维

我曾经应聘过一个上市公司的董事会席位。这家公司的董事会成员常常在一起度假。当这家公司的董事会主席试探着看我是否能跟他们"合得来"且又不会"扫他们的兴"的时候，我确定这家公司的董事会对我来说是不合适的。之前，我曾询问过其他的董事会成员，他们如何才能够确保公司总是不断创新。从他们吃惊的面部表情上可以看出，他们并不知道应该如何回答我所提出的这个问题，这也使得我进一步确定，自己真的是与他们"合不来"。我讲这个故事的要点是，这个董事会的主席在自己没有意识到的情况下，寻找"群体思维者"。简单地说，他偏好与他想法一样的人。

在一个群体里，要想打破群体思维往往只需要"在这个群体之中"有一个不同的声音。我们强调"在这个群体之中"是因为这一点是至关重要的。如果不是董事会成员，即使拥有完全相同的资历，这个局外人的作用也是无足轻重的。同样，董事会聘请的具有完全相同资历的顾问也仍然属于局外人。不同的声音必须来自一个局内的人，即这个群体的成员之一。

这就是为什么多元化的背景、经验、性别和观点等，是董事会在治理公司、追求创造价值的过程中能够取得成功的重要原因，这也是为什么我们需要倾听来自承担风险的业务第一线的声音，并为我们提供独立的见解与看法。在本书的后半部分，我们还会更加详细地讨论与此相关的内容。不管是面临压力的时刻还是繁荣昌盛的时期，我们都要努力保证个人的思维和集体的思维不受到恐惧情绪或者是群体思维的影响。与此同时，我们的董事会寻求确保我们有恰当的流程和到位的资源，以使得承担风险的结果向对我们有利的方向倾斜。

结论是，由于来自内部和外部的因素所引起的恐惧情绪，对公司有可能造成负面的影响。有时，由于"社会放大效应"大大地加剧了我们的问题，这种负面的影响会对公司产生巨大冲击。明白这一点是非常重要的，即使你能够克服董事会内部的恐惧情绪，也未必能够控制得了你所依赖的外部投资人群的恐惧情绪。你必须非常重视外部投资人群对你的印象是怎样产生的和如何变化的。明白了这一点你便能够更加设身处地地去理解他人，从而使你成为更好的董事会成员和风险治理专家。就像董事会一样，公司也会受到来自公司内部群体思维的负面影响。建立新的信任和维护已有的信任将有助于解决上面提到的前一个问题，即克服恐惧情绪；而董事会中不同的意见与建议将有助于解决上面提到的后一个问题，即避免群体思维。处理好这两个问题就能够产生积极的影响。我们追求信任和多元化是因为它们不仅能帮助我们避免损失，还能增加公司的价值。

第三章　公司可能遇到的风险类型

我通过很滑稽的经历了解到风险与治理并不总是最受欢迎的聊天话题。每当在聚会上问完我做什么工作之后，问话的人总会托辞说，看见了屋子另一端站着的熟人并需要马上过去打个招呼。就在你想以同样的借口逃避本章的内容之前，请注意，为了能够成功地继续向前推进，我们必须了解那些能够制造恐惧情绪的各种负面风险事件的来源与分类，并更好地理解为什么我们要为积极追求的目标而承担风险。

所以，在本章中，我们将要使各位对于各种风险类型的一些最基本的理解达成共识。当然，风险暂时还是在负面的思维框架下来讨论。熟悉且并不滋生轻蔑，熟悉会让我们感到放心。对于了解的东西，我们是不会产生恐惧感的。好了，"带上你的预防药"，让我们继续前行。

金融风险

通常，当管理委员会在讨论风险的时候其实是在讨论"金融风险"。实际上，我们承担风险活动的收益和损失大部分最终会归纳成为金融的参数和指标。尽管如此，在常用的词汇中，金融风险一般指的是与市场价格变化相关的收益和损失，它可以来源于某一个金融工具、某一种大宗商品，或者是某一种服务，甚至是某一种资本的成本及其极限。金融风险既可以在你个人投资组合中的股票或者是债券的价格中被清楚地看到，也可以在你公司的融资成本、影响国际收支的外汇汇率、短期的现金需求，或者是库存商品的资金成本等例子中被观察到。

通常，金融风险又可以进一步细分为三个不同的部分，即"市场风险""信用风险"和"流动性风险"。"市场风险"具体指的是汇率的变化、利率的变化、股票价格的变化、碳排放价格的变化、大宗商品成本价格的变化和其他的市场定价参数的变化，以及这些变化对于公司的价值、利润率，或者余额的影响。在大多数的情况下，这些风险都是公司的管理层无法控制的。因此，人们认为公司也无法从中获得竞争优势。然而，针对这些风险仍然存在许多简单的和复杂的风险对冲策略。

如果能够比你的竞争对手更了解市场风险，并且能够在更高的水平上管理好市场风险，你就有可能获得巨大的竞争优势。我曾经在一家当时在全美市场份额排名第 23 位的房屋抵押贷款公司负责风险管理的工作。当美国利率市场在 1994 年发生大动荡的时候，我们公司在技术领域和复杂的风险模拟方面的投资使我们比其他公司对于动荡的市场环境会对公司的盈利能力可能产生的影响更了然于胸。由于我们更加了解公司的风险状况，我们可以比竞争对手在产品定价方面更加具有竞争力。我们公司的客户和我们的业务人员之间原本就存在高度的信任。在我们公司，风险管理部门和与客户打交道的业务人员之间的信任程度也很高。当他们从我们化解危机的过程中获益之时，这种相互之间的信任得到了进一步的增强。后来在公司的晚会上，我遇到了几个公司的客户，再也没有人要以去跟熟人打招呼为借口离我而去。这是一个可喜的变化。

由于事先所做的规划和在知识与技术方面的投入，我们公司不仅很快地从占市场份额第 23 位上升到了第 9 位，而且也成为那年为数不多的几个获得盈利的主要房屋抵押贷款公司之一。多年以后，这家房屋抵押贷款公司被转卖掉时共获得了超过 7 亿美元的收益。①

有趣的是，出售房屋抵押贷款公司的起因是这项业务做得太成功了。母公司信安金融集团是一家保险公司，它需要维持优秀的信用评级，而房屋抵押贷款业务的增长引起了信用评级机构的忧虑，他们担心房屋抵押贷款业务在整个信安金融集团中所占的比重过大。当然，这与面临损失而不得不转让的情况相比，是一个容易处理得多的简单问题。

"信用风险"指的是公司由于交易对手未能付款或者是未能偿还贷款所引起的风险敞口。信用风险涉及未能履行的义务，所以是信用违约。这样一来，在讨论信用风险过程中会涉及在违约的情况下潜在的损失。如果你对信用风险能有比较准确的评估，就可以更有信心地通过掌控风险敞口来承担信用风险。你可能比其他的人更了解你的客户或者供应商的信用状况。

"流动性风险"指的是协助公司每日交易的短期融资能力的消失，或者是无法及时地满足意外提取资金的需求。无法获取短期资金的原因可能是完全由外部原因所造成的。与向你提供资金的人们之间所建立起来的高度信任与忠诚将会使你的公司拥有持续的竞争优势。与那些可以替代你公司的产品或者是服务的竞争对手相比，如果你能够降低在流动性风险事件中遭受更严重冲击的可能性，那么不仅能够获得较低的短期融资成本，还可以获得长期的竞争优势。

操作运营风险

"操作运营风险"一般定义为由于内部流程、人员和系统的不足或

---

① 《信安金融集团向花旗银行出售房屋抵押贷款业务》，美联社 2004 年 5 月报道。

者是失误所造成的损失。操作运营风险通常指的是在其他被分析过的风险之外，由于发生人员失误或者是技术漏洞所导致的各种损失。操作运营风险包括"安全风险"，例如员工的安全、高管的保护措施和公司的实体基础设施的安全等。

其他的操作运营风险还包括："供应链风险"，指的是公司流程中，你所依赖的业务网络中其他代理人的风险，既包括向你提供产品与服务的公司也包括帮你向客户输送你的产品与服务的公司；"业务连续性风险"，指的是由于自然的或者是其他的因素中断了你的公司在日常工作场地正常运营的能力或者干扰了你的公司常用技术的使用；"第三方及第四方风险"，指的是富有挑战性的操作运营风险，因为它涉及与你公司合作的承包商的承包工作，这既是你公司的操作运营风险也是承包商的操作运营风险。

一般而言，人们认为很难从操作运营风险中获益。但是，当我们在本章的后面部分讨论"灰犀牛"的时候和在本书的后面部分讨论"抵御风险能力"的价值的时候你将会看到，能够比你的竞争对手更好地了解操作运营风险和为操作运营风险做好准备，实际上是可以创造巨大的价值的。因此，你如何应对操作运营风险也是至关重要的。

技术风险

很多人都熟悉"网络风险"。当然在理想的情况下，我们希望通过它对别家公司的影响而了解到其特点。实际上，在那些承认和否认自己的数据及数字化基础设施遭到入侵的公司之间，唯一的区别就是后者不具备相应的识别网络攻击和由此而产生的损失的能力。很有可能，在你阅读这本书的时候，网络入侵同时也在发生。如果你工作得很努力也很优秀，我可以保证你的公司已经意识到了，针对你公司的网络风险事件已经发生。

那些网络入侵的主要目标是数据，包括与你的客户、员工、合作伙伴，以及你公司的社交网络成员相关的数据。"数据治理和网络风险治理"是监督这些薄弱环节的管理过程中的专有名词。关于"网络风险治理"，在本书后面的讨论中，在董事会层面还有一个相应的内容。

在大多数情况下，网络风险是"技术风险"的结果，源自在一个系统中技术的失败或者是技术水平的不足。然而，技术风险超出了网络风险的范畴，扩大到你用来为客户服务的系统、你的创新的流程、你的实体工厂与设备、你的供应链的基础设施和任何其他与你公司不断增长与持续服务整体相关的技术。技术风险不一定是数字化的风险，技术风险也不仅仅是防止别人窥视到你公司数字化的"皇冠珠宝"（译者注：最有价值的核心机密）。可以问一下制造黑莓手机的捷讯移动科技有限公司（Research in Motion）或者是问一下柯达公司，看它们是否经历过技术风险，它们的薄弱环节与经历也反映了（下面马上就要提到的）创新风险，柯达公司和捷讯移动科技有限公司是两个引人注目的，由于技术风险而损失了未来价值的全球性案例。

创新风险

本书中非常重要的章节之一就是我们有关"竞争衰退（竞争褪色）""城市数学"和"知识构建"的讨论。这个讨论集中于"战略风险"的补救措施。"战略风险"指的是你公司的目标与那些和你公司相关联客户的需求错位，或者是由于外部的创新而将一个公司的产品与服务取而代之。

诺基亚公司不断改造，多次重塑自身的故事就是一个典型的创新风险获益的案例。然而就像我刚刚在上面提到过的，另外还有许许多多的创新风险失败的经验与教训。谷歌/Alphabet 公司、亚马逊公司和明尼苏达矿及机器制造公司（3M 公司）都是以它们连续不断的创新与试验而闻名遐迩。如果你的公司停止了创新，那么实际上就是在等待消亡。这一点正好与本书开始时的第一个指导原则遥相呼应，即害怕承担风险是注定要导致失败的。现在你已经在本章中打了"预防针"，所以你对于承担风险的恐惧应该有了一定的免疫力。

声誉风险

描述"声誉风险"最有帮助的方法就是公司未来的说服能力，这适用于公司所有的业务与交易。这可能是招揽客户、获取资本、强制性的政府监管或者是非强制性的行业自律，以及你处理公司与公司之间人际关系的能力等。你公司品牌未来的价值将受到声誉风险的制约。

声誉风险会影响到所有形式的资本获取。"人力资本风险"不仅包括你公司吸引与挽留优秀人才的能力，还包括你预见和处理与社会规范变化相关问题的能力。对于这些变化中的社会规范，你的公司现在或者是未来都有可能要担负责任。你是否知道哪些社会规范正在发生变化？你是否将人才整合到你公司的创新过程中了？声誉风险也含有一些技术风险的因素。领英公司正在从事非常有价值的工作，帮助其他公司了解在哪里他们打赢了或者是输掉了人才争夺战，以及从哪里他们可以获取其所需要的人才。如果你不仅对领英公司一无所知，而且也不了解它的数据的优越性，那么你的公司在这方面所面临的风险可能正在不断增加。

"环境风险"指的是你公司的活动对于周边环境的潜在的影响。如果你能够接受社会规范的变化会以影响人力资本风险的方式扩展风险的定义，你就不会认为把"环境风险"加在这一节中是一件稀奇古怪的事情了。运营环境的变化将会影响我们追求公司价值的能力。这里说的环境既包括我们运营、生活和呼吸的自然环境，也包括我们追求目标的商业环境。在"环境风险"方面的失误会对我们的影响力产生重大的冲击，反之，在"环境风险"方面的成功会极大地增强他人对我们的信任度，加强我们展望未来的能力和降低我们所有交易的成本。

监管与法律风险

常常有人问我，为什么公司要采用风险治理或者风险管理规划？我发现具有优秀风险治理或者风险管理规划的公司，一般会涉及以下三个原因之一。

第一个原因就是一个受过良好教育的董事会和一个对于风险有像本书中所描述的那样深刻理解的风险管理团队。风险治理和由员工主动进行风险管理被认为能为公司增加价值并成为公司总体战略和运营规划的一个组成部分。在这种情况下，风险治理和风险管理将会获得最高的价值。

第二个原因是与过去坏的经历有关的，这既可能是来自自己公司内部的亲身经历，也可能是见证了竞争对手所遭受过的痛苦经历。为了避免将来因重蹈覆辙而遭受损失，公司采取了制衡机制来避免潜在的失误。一般在这种情况下，风险会被放进我们希望尽量避免的负面的思维框架中。

公司采取风险管理措施的第三个原因，也是最无助的原因，是他们被要求不得不这样做。上面提到的损失经历有可能触发"监管风险"，即政府部门或者是行业团体修改现行的监管条例或者是引进新的监管条例。针对你的公司或者与你相似的公司所造成的损害，监管机构会做出新的监管要求。在我们日常的工作中，有些为了满足监管合规的要求而做的吃力不讨好的事情是很容易被人一眼就看出来的。

所有为了达到公司目标所需要的操作程序都可能出现"法律风险"，包括没有遵守现行的法律法规、法律协议中出现的错误，或者是针对某一个公司的诉讼行为。从法律风险或者是合规风险中获益是非常困难的，除非关于法律风险和合规风险的忧患意识能够引起我们开展针对我们愿意承担所有其他风险的重要性的讨论，以及如何治理和管理这些风险的讨论。这里我们再次强调，公司必须承担风险，否则我们就无法发展，甚至是无法生存。

错误信息风险

很不幸，"假新闻"在当今社会是一个常常听到的名词。但是，"假新闻"这个概念还是令人可信的，因为的确有负面势力在制造有关某些人和公司的虚假信息，并将其在全球范围内进行散布。这种虚假信息可能是指名道姓的直接攻击，但是在大多数的情况下，它往往是在试图干扰信心。这会影响到领导人物的决策过程，因为他们不确定是否能够相信用于战略规划或者策略执行的信息来源。

对于那些与你一起追求公司目标的合作伙伴又会怎么样呢？他们是否会担忧以前对于你公司的评估是否会不准确，这会不会引起他们的焦虑？他们对你的信任是否被误导了？这些就是"错误信息风险"。

风险与信任

上面讨论过的各种不同类型风险的一个共同之处就是其中的每一种风险都反映了对于信任的侵蚀或者对于信任潜在的提升。就像在本书开头曾经提到过的，承担风险对于信任的影响是我们在董事会层面讨论风险时最重要的内容。在我们追求每一个目标的过程中，失去信任不仅会负面影响我们的价值，而且每一种需求的成本在信任受到损伤的时候都会上升。反之，信任的增加不仅会降低我们的成本，同时还会使得资金供应商更愿意在我们承担风险时向我们提供资金。从长远来看，这两者加在一起使得我们的价值大大提高。

归根结底，在一家公司中把全部的风险管理的不同部分整合在一起的框架被称为"企业风险管理"或者 ERM（企业资源管理）。优秀的企业风险管理注重于根据公司承担风险的能力来实现公司未来价值的最大化。企业风险管理应同时从公司的内部和外部两个方面建立信任。

"灰犀牛"与"黑天鹅"

最后，如果没有提到"灰犀牛"与"黑天鹅"，我们有关风险类型的讨论将会是不完整的。你可能已经熟悉了纳西姆·塔莱布将"黑天鹅"融进常用的商业词汇之中。"黑天鹅"指的是被认为非常不可能发生的事件。如果你一直相信世界上只有白天鹅，当你得知黑天鹅的确存在的时候，你的世界观就会发生变化。有时这个变化会引起情绪激烈的反应，它常常会削弱你经过深思熟虑的长期决策的能力。我们更好地避免治理风险的目的之一就是缓解对于"黑天鹅"所做出的情绪化的反应。更进一步说，我们希望能够在公司建立起应对这类突发事件的能力，如果有可能，甚至能够从这样的突发性事件中获利。

另外，你也许对《灰犀牛》一书不太熟悉。这本书的作者是米歇尔·渥克，书的全名是《灰犀牛：如何应对大概率危机》。这是一本文笔优美，令人着迷的作品，它研究了为什么有的个人和团体在一些大概率和影响巨大的事件即将在他们眼前发生的时候，仍然不作为。用一个战略等效的描述就是，当一头灰犀牛向他们迎面冲来的时候，他们却表现得无动于衷。渥克在书中写道：

> "灰犀牛事件不是随机的意外事件，它们的发生是经过了一系列的警告和有明显的迹象的。2008 年房屋市场泡沫破灭、卡翠娜飓风和其他的自然灾害造成的惨重损失、新的数字化技术对媒体世界的颠覆、苏联解体等，所有这一切的发生都是事先有征兆的。"①

就像恐惧会关闭掉我们大脑的长期理性思维的能力一样，现在有大量的证据表明对于那些未来有可能重创我们的事件，我们也没有做出行动来加以规避。这是一个有关人类心理学的现象。如果我们对这一现象有更好的理解，这样的不足是可以克服的，就像我们要抵消在负面思维框架下考虑风险时的有害影响一样。

至此，你已经掌握了基本的常识性知识，而且我希望，你能够融会

---

① 米歇尔·渥克的《灰犀牛》，www. wucker. com/writing/the - grey - rhino，最后一次访问时间是 2020 年 4 月 25 日。

贯通。怎么样，不难吧？熟悉了解上面这些有关风险的词汇以及它们对你公司的潜在影响，包括正面的影响和负面的影响，使得你和你的同事在开展有关风险的深入讨论时能够更驾轻就熟。

好的，现在"预防药已经吃过了"，我们做好了准备，继续向前推进。

第四章　成功的驱动因素以及对这些因素的威胁

第一原理是知识和理解的核心并可用于逆向破解复杂的问题。（译者注：第一原理是独立存在，是最基本的前提或者是假设，它是无法从其他的前提或者假设中推理出来的。）第一原理是理性思考和推理的基石，是成功的战略规划的基石，也是我们承担风险能力的基石。

在处理问题的时候，我们需要从获得成功的第一原理出发。因为在处理问题的过程中，那些变化的部分最终不仅会以复杂的方式相交错，而且其交错的方式有可能被正面地或者是负面地放大。当我们着手处理那些不仅很难被理解并且肯定很难被治理的问题时，我们需要有一个牢固而又相对简单的基础来建立风险治理的框架。

我们从成功的最终目标出发，然后逆向反推。首先要问的是，我们的目标是什么？然后考虑成功实现这个目标有哪些主要的驱动因素。接下来，我们要识别这些驱动因素的关键组成部分，这些就是将要确定我们公司未来价值的第一原理。

主要成分分析法

通过运用"主要成分分析法"，即 PCA 技术（Principal Component Analysis），我们可以看出外部因素对于我们的产品需求的方向性的变化，这是一种用于风险管理和资产 – 负债管理的基本分析方法。这样的基本分析有助于识别我们成功的第一原理。这也是所谓的优势、劣势、机遇和威胁（Strength，Weakness，Opportunities and Threats，即 SWOT）分析的一种形式。我们希望把复杂的问题分解成为基本的要素，然后再把它们自下而上地重新组装起来，这是从线性到非线性地分析承担风险结果的有效途径之一。

下面我们通过一个例子来加以说明。这是一个中等规模的非营利慈善组织，专门向贫困的家庭提供食品与服务。有一次这个组织的董事会成员向我请教一个他困惑已久的、有关该组织慈善基金投资策略的问题。那时因金融风暴引发的经济大衰退刚刚结束，贫困家庭对慈善机构所提供的服务需求大大增加，使得这家慈善组织面临着巨大的压力。因为当时该组织没有慈善基金储备可供他们在急需时动用，于是董事会决定新建一个慈善基金以便应对下一次危机的到来。

由于这家非营利的慈善机构在其提供服务的地区享有盛誉，他们相当快地就筹集到了捐款并建立了慈善基金。接下来的一个问题就是应该如何将这些钱进行投资。有一位比较熟悉投资，但是对于投资风险管理认识不足的董事会成员建议，基金应该以股权投资为主。他的理由是，在非营利组织基金可以投资的资产类别中，长期的股权投资策略绩效最好。跟我联系的那位董事会成员觉得这样做是有问题的，但是自己又说不出个所以然。

给人最初的感觉是这位谨慎的董事会成员不过就是担忧股票投资风险太大，特别是在刚刚经历过了次贷危机爆发时期的市场大动荡之后。也许他担心市场动荡会再次发生。我向他解释说，他的担忧有一半是对的。但是，真正要解决他的担忧，首先在于认清他们"业务"成功的驱动因素是什么。

较低的失业率一般意味着对于免费的食品和衣物需求的下降。相反，较高的失业率往往增加对于这方面服务的需求。当股票市场上涨的时候，一般失业率下降；而当股票市场下跌的时候，往往失业率上升，因而对于社会救济的需求也上升。从这个角度来看，他董事会的同事所建议的资产投资策略不仅不对路子，而且正好"弄拧了"。换句话来讲，如果股票市场暴跌，他们的慈善基金价值也会大大地下跌，而此时正好赶上对于这个慈善机构所提供的服务的需求增加。在这种情况下，一个以股票投资策略为主导的投资组合就会迫使他们不得不在一个很糟糕的时刻开始从外部集资。这时正好赶上所有人都在经历资产下跌并可能对自己的财务情况感到担忧，从而对于非营利慈善机构的募资需求也很可能心有余而力不足。

除此之外，在市场行情好的时候，慈善组织可能会产生一种虚假的安全感，以为自己日益增长的大型慈善基金足以满足未来的任何需求。如果是这样的话，他们可能减少正常的募捐集资活动，甚至会增加一些他们自以为可以担负得起的高成本服务项目，甚至可能由于成功地投资股票市场的"聪明"决策而滋生傲慢情绪，并开始群体思维。

2020年，由于新出现的新冠肺炎疫情迫使人们实施社交隔离并关闭许多服务性的行业，在两个星期左右的时间里，股票市场下跌超过了30%。面对经济陷入艰难困境的情况，人们对于这家非营利的慈善机构服务的需求顿时暴增。

我不确定这家慈善机构最终决定其慈善基金采用什么样的资产策略做投资。据我所知，我与那位谨慎的董事会成员所分享的忠告遭到了"精通投资"的那位董事会成员的嘲笑。我希望有人，最好是董事会内部的成员，能够最终打破这样的思维心态。

我并不是说管理这家非营利的慈善机构所面临的风险是一件轻而易

举的事，但是，在需求增长的时候，需要看到慈善基金也必须能够增长，这是资产－负债管理的基本常识。这些基本常识应用得当的话，这家非营利的慈善机构对它的受益者会具有更高的价值；如果这家慈善机构能够按照我们在上面提到的原理来设置，它同时也会得到它的捐赠者更大的尊重。

接下来，我们再来看一个"为什么主要成分分析对于董事会来说非常重要"的例子。在这个例子里，如果董事会是建立在一个互相信任的环境之中，那么这个信任的环境将会使他们的组织受益匪浅。有一些机构组织利用他们投资的收入来支付日常的成本费用，这虽然不是一个很高明的做法，但的确是很常见的。在我与上面提到的那个非营利机构董事会成员讨论投资策略之后不久，还有一个大型机构的首席财务官找到了我。这家机构依赖于投资回报来支付日常运营的成本费用。这位首席财务官想要了解，在他们的竞争对手中是否有人实施我向他建议的资产－负债管理措施。由于在金融风暴后的经济大衰退期间遭受的投资损失，这家机构的运营能力受到了同样的损伤。我告诉他我不知道。但是我向他指出了，资产－负债管理在其他的行业中是一个很常见的做法。当许多"储蓄与贷款协会"（Savings & Loan Association）在 20 世纪 80 年代末期的危机中经历了业务失败之后，很多储蓄与贷款协会都开始采用这样一个管理策略。还有一些其他类型的机构，当他们发现了资产－负债管理策略的价值所在之后，也开始采用这样的做法。这些机构对于他们业务的第一原理都有深刻的了解。

当了解到他的直接竞争对手之中没有一家在实施资产－负债管理措施时，这位首席财务官表示，既然是这样，那为什么我要做？于是，我们的对话就到此为止了。

在未来任何长期的股票市场调整期或者是熊市期间，这位首席财务官所在机构的预算中可能会有更多的窟窿需要填补。一旦这种情况发生，他们的机构与其员工和客户之间的信任就会受到损害。如果对他们的成功进行细心的"主要成分分析"，或许能引导他或者是他的董事会采取不同的策略。

"随大溜"与其他人都一样是一种安全的选择。避免鹤立鸡群是一种由恐惧所驱动的反应。从这一点来看，这位首席财务官的选择并不完全是非理性的。但是，如果他的董事会预见到了这家公司的薄弱环节并授权给他可以与众不同，那么他们就会在 2020 年 3 月市场暴跌时期看到机会。也许他们可以利用这些机会来进行招聘，从他们的竞争对手那里拉一些在今后几个月内会被裁掉的人才。也许他们可以根据一些新的想法来进行投资，而他们的竞争对手则由于市场动荡已经力不从心了。

优先考虑驱动因素与威胁

在完成了"主要成分分析"之后，通常的做法是把这些主要的驱动因素以及对它们的威胁放进一个行动矩阵。这个矩阵是二维的，它的横轴代表风险事件发生的影响力而竖轴代表风险事件发生的概率。这就是说，左下角的象限代表了"小概率和小影响力"的风险事件，而斜对面右上角的象限则代表了"大概率和大影响力"的"灰犀牛"事件（见图 4.1）。这样一个矩阵纳入了许多审计人员所使用的最初的 COSO（译者注：COSO 内部控制框架，即 The Committee of Sponsoring Organization Framework，是公司进行企业风险管理对公司内部控制流程的设计、实施、评估所常见的一种框架。）内部控制框架，会对董事会和公司高级行政管理层会有很大的帮助。

这个矩阵是非常有用处的，它把我们的注意力与行动集中到最重

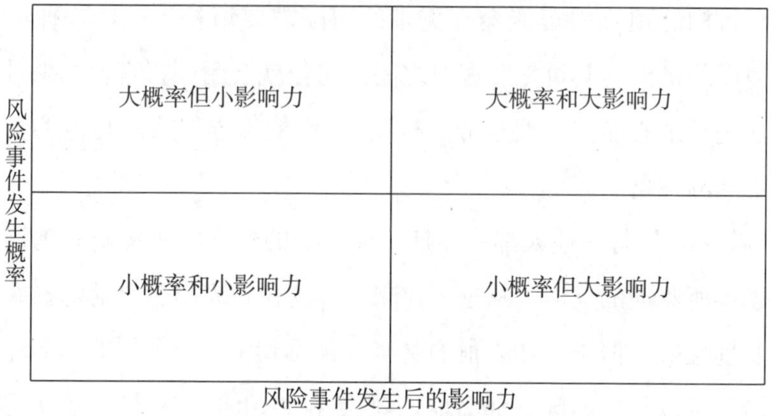

风险事件发生概率	大概率但小影响力	大概率和大影响力
	小概率和小影响力	小概率但大影响力

风险事件发生后的影响力

图 4.1　典型的风险评估矩阵方法

要的地方。它的重要性之一就是我们可以利用这个矩阵来识别，我们在哪里产生恐惧，恐惧可能就在哪里侵蚀我们对于一些问题的决策过程，就像当灰犀牛正在朝着我们迎面冲来之时，我们尚未采取行动。尽管如此，这个矩阵还是缺少一个关键的部分，即识别那些有可能导致"社会放大效应"的因素。就像我们在本章下面要讨论的，这些因素在董事会评估公司的反应能力的时候需要有一个分开的优先考虑的次序。如果不这样做，你不仅有可能"人为地"为你的公司制造未知的下行风险，还有可能无法实现你所能承担某些风险的全部上行潜力。

开始建立抵御风险的能力

现在，让我们把注意力集中到"抵御风险的能力"上，即我们的公司应对新出现的下行风险的能力，特别是那些通过"社会放大效应"而令我们大吃一惊的下行风险。抵御风险的能力有三个关键的组成部分，它们需要建立在你优先考虑了下行风险的次序，并且识别了那些有可能产生"社会放大效应"的潜在风险的基础之上。

1. 授权

将权限下放到最接近风险起源处，特别是那些直接面对客户的员工手中，是至关重要的。如果赋予了这样的工作灵活性和适当的资源，这些员工就能够通过直接与客户沟通或者是通过公司内部的反馈渠道来解决新产生的问题。另外，公司应该在最高层面建立起应急的快速反应机制，通常称之为"危机应对团队"。通过建立这样的机制，公司中较大的决策可以得到迅速确定，它不仅可能对公司产生至关重要的意义和利益，还能同时跨越多个责任职权领域。

2. 速度

快速的反应是必不可少的。在发现新冠肺炎疫情的初期，反应延迟几天或者是几个星期的影响都是非常巨大的。那些专门针对你的公司，并正在被放大的负面风险就像病毒一样，在跟你互动的人员和机构的社交网络中传播扩散。你公司的组织结构必须能够快速地做出反应来解决它们。

3. 信任

在这里我们要再次强调信任。那些被你授权迅速采取行动的人必须相信，即使他们的行为最终被发现不是最优的，他们也不会受到批评指责，不必因此而承担不良的后果。这一点是董事会和最高行政管理层必须要做出的保证。此外，那些属于你公司社交网络中的成员必须相信，你所采取的行动并不是盲目的，而是以基于知识和关心他们的方式在行事。

在后面第六章和第七章讨论董事会和公司的基础架构与流程的时候，我们还会更进一步地阐述这方面的内容。

抵御风险能力的经济效益

还记得把风险与成本费用联系在一起的重要性吗？借鉴银行和债务发行人常用的机构信用评级，并将其与单项成本费用联系在一起，这样就有了一个现成的例子，可以帮助我们来理解抵御风险能力的价值。机构信用评级一般就像学校里学生的成绩单一样，有一系列的 A、B 和 C 等。具体的某一家信用评级公司所做出的信用评级，可以从 AAA 一直到 C（信用评级为 D 的公司则意味着信用违约事件已经发生了）。在 AAA 级别，公司信用违约的风险已经小得微乎其微，而目前这样的公司也是屈指可数的。图 4.2 显示了处于不同信用评级的公司的信用违约概率。

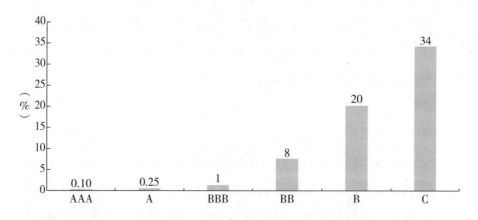

图 4.2 处于不同信用评级的公司的信用违约概率
资料来源：欧洲委员会。

银行在向风险较高的经济实体发放贷款时被要求持有更多的资本金。换句话讲，因为一个信用评级为 BB 级的公司比一个信用评级为 AA 级的公司更有可能发生信用违约，所以向 BB 级的公司提供贷款时，银行被要求持有更多的资本金（贷款成本更高）。资本金作为一个单项成本费用意味着，在其他一切条件相同的情况下，在发放给一个 BB 级公司的贷款时，银行需要从借款方索取更多的利息和收费，这样才能够使得发放这笔贷款变得有利可图。BB 级公司申请贷款会遇到一个更高的门槛。请看图 4.3 的例子，其显示了处于不同信用评级的公司借贷成本的相对增加。

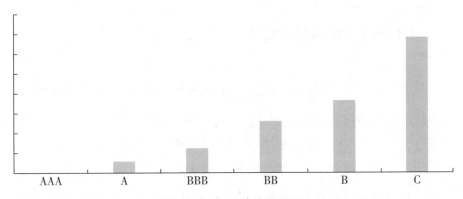

图 4.3　处于不同信用评级的公司借贷成本的相对增加
资料来源：美联储纽约分行。

　　这些信用评级的结果来自信用评级公司对于借贷者偿还贷款的能力与意愿的信任。风险管理和风险治理，特别是在那些使用了本书中所描述的具体方法的公司，将导致信用评级机构做出这样的评估，并指出这些公司只有非常小的可能性由于损失而最终发生信用违约。如果这些公司已经识别到产生负面放大效应的潜在风险来源，并且建立了流程来阻截这些风险来源，他们就有可能获得更高的信用评级。更高的信用评级代表着更高的信任，更高的信任意味着更低的成本，这就是竞争优势。这是单项成本费用的节省，它会直接影响到你公司的运营绩效。

　　但是，抵御风险能力的经济效益并不仅局限于对贷款成本的影响。

实际上，任何一个项目、一个业务单位或者是一家企业都有无法满足预期的可能性，甚至可能产生超过资本预算的损失。在公司内建立抵御风险能力系统，可以在问题产生最大的潜在影响之前将其阻截，因而我们能够降低产生大规模损失的风险。这样的做法不仅仅降低了对于资本数量的需求，而且，就如良好的信用评级降低贷款成本一样，承担风险的企业的融资成本也被降低了，从而改善了企业运营的绩效状况。

验证公司抵御风险的能力

你怎么能够知道你的公司是否拥有抵御风险的能力？让我们来看一下两种最常见的检验方法："压力测试"和"情景分析"。压力测试和情景分析在董事会和高级行政管理层都是重要的风险管理的工具。

压力测试，指的是你公司的风险管理专家设计一些可能性非常小的极端事件，用于对你公司成功的驱动因素和风险敞口实施压力下的检验。这些风险管理专家也可能把压力测试扩展到一些平时与你公司的成功没有什么关系的事宜上，但是在受压环境下这些事宜有可能会变成与你公司相关的内容。

情景分析，或者是"沙盘推演"，是对于具体的威胁进行动态的模拟分析。例如，假设你在一条河边上有一个工厂，或者是在同一个位置有一个污水处理厂，那么，一旦上游地区由于自然原因洪水暴发，会发生什么样的情况？在什么样的受压情况下，这两个工厂中的其中一个会无法正常运转？情景分析在帮助预测未来事件的影响方面是非常有价值的，因为情景分析是在有限的假设范围内就事论事来进行讨论，从而使得情景分析更容易理解并对可能发生的事件提前找到解决的办法，而不必担忧其他未知的因素影响我们的判断力。

爱荷华州的德梅因市由于毫无准备的意外事件而得到了一次深刻的教训。1993 年发生的破纪录的大洪水使得整个城市失去了全部可供应的清洁水。在《灰犀牛》一书中，作者米歇尔·渥克谈到，一些加拿大的城市在经历了同样的灾难之后，做了必要的投资。面对下一次洪水的来临，他们已经做好了准备。

有一种检验方法是利用外部的知识与经验。"外部的风险审计"也是很有价值的，尽管我还是有些想将其等同于风险管理的演习。现代风险管理发展至今已经有 30 多年的历史了，这意味着现在有一批人数日益增加的前风险管理的高级管理人员，他们已经经历过了各种压力下的环境，包括针对某一个特定行业的冲击、某一个特定地缘政治环境的区域性冲击，或者是规模更广泛的全球性市场动荡，以及全球疫情大流行所带来的冲击。他们中的许多人都可以很快地向公司董事会指出，该公司是否拥有充分的风险治理和风险管理基础架构与流程来支持其开展复杂的业务。在预期公司未来的财务绩效分布方面，这些外部的"风险审计人员"甚至可能比外部的"财务审计人员"具有更高的价值。

最后需要指出的是，成功的第一原理与战略选择有关。在詹姆士·达罗奇和大卫·芬尼的《战略、风险、治理》一书中指出："你的战略目标与市场定位确定了你所需要管理的风险。"他们的侧重点在于公司内部的执行层面。而在董事会层面，我们的侧重点在于理解为什么和怎样做，才可以让我们的员工获得抵御风险的能力，以利于增强我们的竞争地位，尤其是当我们周围的竞争对手因为没有这样做而正在经受苦难时。随着你继续阅读下面三章的内容，你就会发现你在增强抵御风险能力的过程中还缺少的部分。

第五章　自信地承担风险

希望你和你的董事会能形成这样一种局面，即有关承担风险的对话激发起理性的和自信的战略讨论，同时又不带有任何惧怕损失的情感负担。我希望你对风险的恐惧已经在打过预防针之后有免疫力了。现在，你已经知道那种对于风险的恐惧会导致你在决策过程中做出糟糕的决定，因为你的大脑天生就是以这种方式来应对威胁的。也许你已经承诺，要更多地了解迄今为止我们所提到过的每一个主题。如果是这样的话，那就更好了！

接下来的内容是关于如何设计董事会治理机制，来培养你的企业能够自信地承担风险。在本书后面的章节里你会了解到，如果你想避免成为未来"经验与教训案例"，就需要采取这样的行动。在此之前，我们将讨论如何才能做到这一点。

自信

马克·吐温曾有过一句仔细观察之后的名言：成功的必要条件是无知和自信。这时在你的脑海里可能一下子就出现了某一位熟人的身影！我们都很容易错误地相信，成功意味着技能。因为拥有技能是可以使人产生自信的。但是，仅仅将结果留给无知与信心的组合是不太可能对未来产生积极影响的（译者注：即不太可能产生公司未来价值的正偏态分布）。如果马克·吐温今天还活着，他不会对你和你的董事会采取那么轻视的态度。我们治理风险的目的是希望你能够充满自信，但是这种自信是来自知识，来自周密的风险规划，来自我们的决策将会增加企业价值的可能性。

董事会报告

记得有一次，我曾经看到一份包括差不多 250 页数据的董事会报告。当某一位公司董事会财务委员会的成员拿到这份报告时，他简直不敢相信公司高级行政管理层会期望他能够了解和理解这些数据与报表的全部内容。他说，我的直觉告诉我，公司高级行政管理层至少有一个别有用心的目的，就是想把公司的责任往上一级推卸。如果把全部数据都给了你，"你就应该知道并了解所有的情况"。为了验证这种疑心，这位董事会成员把报告打了回去并要求进行大刀阔斧的修改。我后来了解到，这份报告在修改之后变得非常精练，并提出了切实可行的意见与建议。

数据固然重要，但是对于受过良好教育和带有多元化背景的董事会成员们来说，语境分析是更加有帮助的。在本书的第七章中，我会提到几个关键性的参考文件。这些参考文件的编写是为了引导董事会的委员会和整个董事会，为了达到公司的目标并且围绕着风险开展有益的和有建设性的讨论。参与这些参考文件编写的是一批分布在全球各地的董事会成员和公司高级行政管理人员，他们的责任与经历都与承担风险的治理工作相关。在本书以及其他的有关参考文件的指导下，考虑风险指的就是建立信任、适当的成本配置、最低投资回报率和创造价值。所有这些都是与风险密切相关的。

董事会风险治理就是授权给首席执行官，以同样的自信承担风险和在最有可能使公司获得成功的行为参数的约束下，去追求企业的战略目标。一旦落实了这些目标，董事会的报告就转化成一个新的组合，它既包含数据又包含前瞻性的策略，同时还包括对于过去绩效的评估和在积极的环境中对于风险的评估。

实物期权与选择

在董事会层面，公司所面临的每一个战略选择都可以称之为"实物期权"。在这里，实物期权代表了某一种权力或者机会，通过它公司必须对其承担风险所需要的资源做出战略配置。公司所能够支配使用的承担风险的资源，像稀缺商品一样是有限度的。当公司承担了过多的风险，或者是当别人认为公司所承担的风险已经接近其极限时，承担风险的成本就会随之增加。实物期权的应用范围很广，它包括公司业务扩充或者是商业收购、企业的关停并转、暂缓或加速某一项投资、未来绩效最低回报率的变更，以及由此而触发的进一步项目投资或者项目退出。

在与另一种被称为"白象"的风险打交道时，用实物期权来做评估是非常有帮助的。"白象"指的是某些实体的基础设施、某些产品或者是某些业务部门，它们所产生的价值已经无法覆盖其维修保养的成本。往往这些东西都已经被制度化了，又或者已经有了很长的历史，并且在过去某一个时期曾经创造过很高的价值。

实物期权估值所用的输入参数包括前期投资成本、目前的价值、未来价值的可能分布、机会存在的时间长短、借贷成本和未来的现金流等。如果人们对你公司的信任程度比较高，公司的借贷成本就会比较低。如果你公司有好的风险治理机制，未来价值的分布会是正偏态的。较低的借贷成本和正偏态的分布会使得实物期权的估值结果更高。从这个例子我们也看到了正确的风险治理思维方式与流程所带来的积极影响。

实物期权不仅是简单的举手赞成或者是反对的决定，它们是必须作为选择来呈现的。已有的研究结果表明，如果孤立地考虑每一个项目，你公司在选择中犯错误的可能性有可能高达30%。但是，如果没有一个良好的风险治理机制，公司难以有效地来评估实物期权。

野蛮生长式的渐进主义

作为信安金融集团的一名管理人员时，我第一次遇到了"野蛮生长式的渐进主义"这个概念。保险公司一般是稳重又保守的企业。还记得在本书前面提到过的故事吗？它讲述的是一家非常成功的房屋抵押贷款公司，却被认为给其母公司带来了更多的风险。那家母公司就是信安金融集团，它是一个保险公司。那时我以为信安就像人们常常认为的那样，是对风险望而生畏的，并因此而有些止步不前。事实恰恰相反，当时在戴维·赫德领导下的信安，总是在不断地创新、不断地向前发展，只是每次的步伐都迈得比较小而已。那时信安的企业文化就是"野蛮生长式的"试验与创新，只是一开始的时候规模都不大，但这种"野蛮生长式的渐进主义"最终取得了巨大的成功。

回忆一下，在本书前面我们曾经提到过，如果有很多人认为有可能存在巨大的，甚至是破坏性的损失，他们就会要求预期的收益是潜在损失的2~3倍。野蛮生长式渐进主义的做法消除了对于巨大损失的恐惧，这意味着即使是改善边际型的创新也是可以存在的。这样一个由大量的改善边际型策略所构成的投资组合可以提供非常好的回报，即便其中有一些，甚至是有不少的策略都失败了。这种由众多的小风险构成的投资组合减轻了真正的金融损失。另外，在思维方式上，这种由众多的小风险构成的投资组合事先减轻了恐惧对决策所造成的不良影响。

不同公司对于损失有不同的容忍标准。然而，拥有一套到位的流程与措施，可以将损失的加速扩大限制在预期的水平之内，这是对任何公司的未来价值产生积极影响（形成正偏态分布）的关键因素。这就是在前一章中所讨论的建立抵御风险能力的直接作用。

分布式权限的价值

此外，如前一章所述，赋予最接近风险源头的人权力，对于迅速地解决新产生的问题至关重要。同样是这些人，他们在向决策者反馈创新的想法方面也发挥着关键性的作用。在本书后面的章节中，我们将会花更多的时间来讨论这个议题。不过请注意，权力的下放需要信任，而信任来自良好的风险治理。良好的风险治理对于你所经营的事业的未来价值会产生更为正偏态的分布。在这里，你是否注意到了一个反复出现的主题？

风险作为单项成本费用的价值

不管你下多大的决心要实践最佳的风险治理，期待你所有的员工都能够理解风险管理的各种概念是不合情理的，更不用说理解风险资本配置了。但是，每一个员工又都是一位潜在的风险管理者。因此，把风险的概念转化为成本的概念可以使员工们对于风险成本有更好的认识，这要比试图把他们教育成风险管理专家容易得多。在这里，我们需要了解公司承担风险的资金成本以及公司未来的资金成本的相对变化，这种变化可能来自公司某一个业务部门所承担的风险，或者是来自公司某一个具体项目所需要的资金。

首先我们考虑，在独立的基础上，每一个业务部门或者是每一个项目的资金需求和资金成本。当然，这个不是董事会要管的具体工作，但是，董事会需要确保公司有一套到位的基础架构并能够比较合理地计算风险成本。这些在接下来的两章里，将对董事会和管理委员会的工作以及公司内部围绕着风险所建立的基础架构进行解析。

为了能够自信地承担风险，我们不仅需要董事会级别的一流风险治理，而且还需要贯穿整个公司的最佳风险管理，这两者缺一不可，它们的作用将会创造巨大的价值。

第六章　公司风险治理的基础架构

如前所述，聘用那些对于企业风险体系拥有丰富实践经验的外部风险审计人员是非常有价值的。他们可以帮助你对于公司现有的风险基础架构做出评估，例如数据、技术、人力资本、企业文化等。他们还能够告诉你，目前你公司现有的基础架构中是否存在需要完善的不足。这些不足可能妨碍你在充分了解风险的情况下信心十足地做出战略决策。这些经验丰富的风险专家还可以帮助你评估，在你的公司中是否部署了足够的风险管理专业人员和风险管理技术手段，用以充分授权首席执行官及其他人员明智地承担风险以追求公司的战略目标。本章的以下部分是有关这些风险专家要查看的一些关键性内容的简要讨论。如果在你公司中现在还无法找到相对应的内容，那么你应该开始考虑如何部署并实施。

董事会专门委员会

承担风险的治理工作，简称风险治理，是全体董事会成员的职权范围与责任，但是，某种形式的风险讨论和风险治理在分工更加具体的董事会专门委员会层面来进行是十分重要的。就像你在本书的后面几章中将要看到的，在来自世界各地的几十名董事会成员和公司高级行政管理层人员的共同努力下，确立了几个在其章程及会议议程中关注风险治理的关键性董事会专门委员会。为了帮助你的公司在加强风险治理过程中能够逐渐完善，这些专家还编写了几份实用性强且内容丰富的"风险治理指导原则"文件。如果你需要的话，这些文件可以作为有用的参考资料。

"薪酬委员会"可能在你的公司中已经存在，并且应该在其章程中包括风险治理。激励机制常常会驱动行为，而公司诚信和企业文化的善意表达有可能会被薪酬制度无意创造的企业文化所淹没。此外，正如本书前面提到的，你和你的竞争对手通过领英全球职业社交平台或者是其他服务供应商都可以得到的有关人力资本方面的信息，人力资本风险迅速上升已成为董事会优先关注的议题。

你的"审计委员会"也可能已经把风险治理写进其章程了。一般而言，审计委员会的作用是向后看，即寻求验证；而风险治理的作用恰恰相反，它是前瞻性的，即促进预期。虽然风险治理与审计委员会的工作并非完全不相容，但是从最佳实践的角度来讲，需要设立一个单独的风险委员会。因此你会发现，我强烈建议董事会应该包括一个独立的风险委员会，并将有关风险治理的议题从现有的审计委员会的议事日程中全部接管过来。随着董事会风险委员会在越来越多的行业中出现，它们的建立和运作正在成为信义义务。

并不是在所有的公司董事会中都设有一个"技术委员会"，或者是与其等效的机构，但是，随着网络风险与技术风险的日益增长，规模较大的公司都需要设立这样一个相应的委员会。设置技术委员会尤其适用于那些跨越地理区域交付产品与提供服务的公司，或者那些使用外部承包商与关键性的数字化服务供应商的公司，例如用于定价、风险、客服、人力资源和其他内容的云服务供应商与软件供应商。

在你的公司里，这三个委员会的有效性，权限范围和工作重点都可以与我们在下一章里要着重说明的指导原则文件来进行比较与衡量。应该指出的是，当董事会特别声明，风险治理是如此重要以至于需要做出这些改变的时候，这同时就表明董事会对风险知识的拥抱、对企业文化的改善和对员工要求的提高。

公司风险管理委员会

有两个资深的管理委员会对于风险管理的成功是至关重要的，其中的一个委员会是常设性机构，而另一个是在需要的情况下才召集开会的。第一个通常称之为"风险委员会"，不过请不要把它与董事会层面的风险委员会混为一谈。为了避免混淆，你可以把它称为"风险管理委员会"。这个风险管理委员会的成员一般包括资深的业务部门高管、资深的财务部门高管、资深的风险管理部门的高管，甚至还可以包括资深的运营部门高管。风险管理委员会的职责就是考虑公司运营所在的外部商业环境及其动态变化，其中包括追求公司目标的资金成本、这些成本在业务部门层面及具体项目层面的配置、公司承担风险的企业文化、和其他所有在董事会所规定范围之内追求公司目标的有关事宜。风险管理委员会的负责人应该是直接地或者间接地向董事会的风险委员会汇报，或者向整个董事会汇报。

我在前面刚刚提到的"审计委员会"也可以被称为"危机应对团队"，你也可以看到它被称为"紧急风险委员会"或者一些其他的名称。这个委员会的作用就是在紧急问题发展到造成其最大潜在的损害之前，采取措施并加以解决。当年我在美国银行派珀·杰弗里公司工作时，曾经服务于这样的一个委员会，并亲眼见证了其有效性。要取得成功，该委员会需要得到董事会和公司管理委员会的充分授权，而且事后不被猜疑。你只能把你最信任的人安排参加这个"危机应对团队"。最佳实践表明这个委员会应该包括你公司最资深的风险管理高管、受到紧急风险影响的业务部门的负责人、公司财务总监和首席法律顾问。其他运营部门的人员如果需要的话，也应该被召集参与。但是，为了保证其有效性，这个团队的规模必须是有限的，其成员必须是资深的和能够拍板做出决定的。

首席风险官

但是，谁是你公司最资深的风险高管呢？在 20 世纪 90 年代初，有一次我在波士顿参加一个风险管理的专业会议。在远离主会场，二楼的一个小房间里，詹姆士·林向大家展示了他对当时被称为"全公司风险管理"的愿景。他用的这个名词就是现在称之为"全面企业风险管理"的前身。当时在小会议室里只有二十几个人，显然在那时这并不是会议最热门的议题。

詹姆士·林是全世界公认的"首席风险官"，这是他在那次风险管理专业会议期间获得的头衔。但是，直到 2007 年次贷危机发生之前，"首席风险官"还是一个不常见的头衔。根据我的估计，那时全球的首席风险官一共不超过 500 人。然而，今天如果在领英职业平台上搜索一下首席风险官，你就会发现不少于 20000 人担任这样的职位。这可真是今非昔比啊！

那么，到底什么是首席风险官呢？如果你的公司现在还没有首席风险官，是否应该设立一个呢？简言之，对于第二个问题的答案是肯定的。就像你公司行政管理层中任何一位高级管理人员一样，首席风险官在公司管理委员会层面，负责公司全部的风险管理职能。根据你公司所承担的风险，或者是计划承担风险的复杂性，直接向首席风险官汇报的人员数目可以少到几个人，或者多到几百人。

有些公司由于风险较小或者是经费不足，而无须或者是无法聘用全职的专职首席风险官。这样的话，你可以考虑利用公司内部和外部的教育资源来提高你公司现有员工的风险知识。尽管如此，你仍然需要指定一名现有的员工，让其承担部分公司风险数据的整合与分析的职责，从而使得他成为实际上的首席风险官。

首席风险官通常直接向首席执行官汇报，同时也间接地和不受约束地向整个董事会、董事会主席，或者董事会风险委员会主席汇报。如果你现在还没有首席风险官，在未来的某个时刻你可能会后悔。我可以向你保证，与其能够为公司节省下的融资成本相比，建立一个有效的风险管理基础架构，包括一个由首席风险官领导的风险管理团队，所需要的成本是微不足道的。

在前面提到过，詹姆士·林是第一位首席风险官。自从那次风险管理专业会议之后，我和他成了朋友并一直保持着联系，其中部分原因是我们对于公司在追求其目标时应该怎样最好地承担风险方面持有相似的理念。转眼就到了30多年后的今天，詹姆士·林现在被称为全球风险治理的领军人物，同时他还是亿创理财（ETFC）公司董事会风险监督委员会的主席，这家上市公司前不久被摩根士丹利公司以 130 亿美元，相当于每股 58.74 美元的价格收购①。在詹姆士·林刚刚加入亿创理财公司董事会的时候，这家公司的股票价格在 8 美元左右。从那时到亿创理财公司被收购这段时间里，亿创理财公司的股票绩效大大地超过了市

---

① 来源于"摩根士丹利在线上经纪行业最新的交易中以 130 亿美元的价格收购亿创理财（ETFC）公司"的报道，玛姬·菲茨杰拉德，CNBC，2020 年 2 月 20 日。

场指数的绩效。詹姆士·林也被全国公司董事协会评为全美国100位著名的公司董事之一。他出色的工作使得多家公司受益。这也包括我在本书前面提到的那家非常成功的房屋抵押贷款公司，因为我把那天开会时从詹姆士·林那里学到的很多知识带了回去，并很好地加以应用与实施。

风险孤岛

由于良好的风险管理需要透明度和及时的沟通，我们希望了解风险是否正在公司不同的地方以多种方式进行检查和讨论，毕竟我们不希望出现"风险孤岛"，这在今天已经不是什么问题了，特别是考虑到首席风险官的广泛使用。但有时这个现象依然存在，甚至会成为问题，比如在一家公司内某一个部门不了解另一个部门所承担的风险的时候。同样的漏洞也有可能源于某一个业务部门或者是小型团队内部所承担的不同类型风险之间的相互作用。有时，看似多元化的业务部门（或新项目），却由于它们成功的第一原理非常类似而成为高度相关的业务（或项目）。"风险孤岛"使得这类隐藏的风险因素很难被发现。

在寻找"风险孤岛"的过程中，一定要注意那些风险管理缺乏全局观念的地方、尚未建立适当的风险加速反馈渠道的地方，以及某种类型的风险尚未在全企业范围整体框架内得到整合的地方。在这些现象被暴露出来的情况下，你必须马上采取行动来改变公司的风险文化。有关风险加速反馈渠道的内容我们将要在下面做进一步讨论。

加速反馈渠道与策略

瑞·达里欧是著名的对冲基金桥水公司的创始人和负责人。他在公司里一贯倡导与实施的是他称之为"彻底的透明度"的做法。一般而言，这意味着任何想法、任何人员，以及任何等待讨论的项目都应该被全面审查并以各种方式受到挑战，其最终是为了不断地完善他们所从事的工作。简言之，"彻底的透明度"是为了建立信任，尽管当你的想法受到别人批评时，你的感觉并不一定很好受。

实施"彻底的透明度"的做法是为了确保合适的人员及时获取正确的信息从而使他们能够有效使用这些信息来做决策。尽管对于桥水公司特定的企业文化存在不少的批评意见，但是在公司内部为了确保"彻底的透明度"，你应该建立起安全的途径从而使得任何一名员工都可以很快地将其忧虑上报给首席风险官、首席执行官，甚至是董事会。具体的做法可以包括设置匿名举报电话，或者是风险经理与承担风险的业务人员之间定期与频繁的非正式对话。需要再次强调的是，确保这种风险加速反馈机制能够获得成功的关键是参与者之间的相互信任，并相信他们不会因此而遭受打击报复，或者是受到任何形式的惩罚。如果你的公司内部不存在这样的信任，甚至更糟糕的是，在你公司根深蒂固的企业文化中没有设置这样的风险加速反馈渠道与机制，你就难以拥有抵御风险的能力，同时你公司最终也不得不付出更高的资金成本。

建立信任：你的风险管理人员是否被视为价值创造者？

作为一种理想和愿望，一个充分利用自己承担风险能力（风险资本）的公司都应该拥有为这个公司的成功作出贡献的风险管理人员。

有一段时间，主要是在 20 世纪 90 年代初，当时很流行把风险管理人员作为"风险警察"来使用，他们专门负责向上级报告有谁承担了不必要的风险。那是一种破坏性的做法。如果你的公司现在还采用这样的做法，就应该将其根除。取而代之的是，应该由你公司独立的内控部门来履行此职责。应该确保的是，将控制的验证与报告保留在内部审计等部门的工作范围内，同时不会损害到风险管理人员工作的有效性。风险管理人员和内部审计人员仍然能够保持有效的工作关系来支持审计职能。但是，一旦你发现你公司的风险承担者惧怕风险管理者，那么你将失去在本书中讨论过的风险治理模型的优越性。

为了使这种做法能够获得成功，风险管理人员必须相信他们不会因为出现损失或者因为负面风险的出现而受到指责。必须教会风险管理人员像商人一样来思考，不要害怕风险，特别是不要害怕职业生涯中的风险。

风险教育

由于所有的公司都是在动态的环境中运营的，因此我们必须不断学习。要使风险管理人员被视为为公司增加价值的人，就需要持续不断地进行双向的教育。首先，风险管理人员需要指导风险承担者和业务部门的管理人员对风险如何定义、可以采取哪些措施来降低风险成本、风险的模型和流程是如何运作的，以及作为与业务部门日常对话的一个组成部分，讨论哪些风险应该承担、并且在对于风险水平感到满意的情况下，怎样做才能够取得更好的投资回报等。

与此同时，业务部门的管理人员和其他的风险承担者需要帮助风险管理人员了解他们承担风险活动的机遇和挑战。通过这样的双向沟通，风险管理人员将对不断加剧的竞争与选择进入哪些"黑暗房间"所带来的挑战表示赞赏，他们的风险模型才能够越来越完善，他们与业务部门的沟通与理解才能不断地得到改善。

对于这种双向交流的质量与频率的评估将会告诉你有关你公司企业文化的很多内容，以及你公司的风险承担者是否有效地使用了被称为风险资本的稀缺商品。

道德文化

OCEG（Open Compliance & Ethnic Group）是在"互联网泡沫"破灭之后成立的组织，当时许多高科技公司的股票由于没有能够达到投资者的预期而暴跌。最初这个非营利性智库的全称是"开放的合规与道德集团"，但现在人们常常简称其为 OCEG。

OCEG 专注于他们所谓的"有原则的绩效"[①]。他们定义的"有原则的绩效"主要包括：一个有原则的目标，即你的董事会所规定的指导你公司的愿景、价值观和日常运营的最高目标，有原则的领导和由致力于公司目标且有原则的员工所组成的队伍。

OCEG 为评估与发展这样一种道德文化提供了工具，因为相信它将创造价值，因而也是任何一个公司基础架构所必需的组成部分。遵守道德规范是在你的公司与你的资本提供者之间建立广泛信任的最低要求。所以，OCEG 以及你公司中的道德与合规工作人员的工作至关重要，应该得到董事会的支持。

敏捷性

利奥·梯尔曼和查尔斯·雅各比将军撰写了一本十分有意思的书，

[①] 需要了解有关 OCEG"有原则的绩效"更多信息的话，请访问 www.oceg.org/about/what – is – princepled – performance。

它定义了战略敏捷性与战术敏捷性的企业文化。与这个术语的通俗使用有所不同，他们书中的"敏捷性"研究了公司企业如何才能够创造一种具有一致性和重复性的能力来探查与评估竞争环境的实时变化，然后采取果断行动。所有这些的完成都需要一种由于风险信息而增强的"获胜意志"。利用作者的模型，你可以评估你公司的风险基础架构是否已经包括了真正的战术敏捷性。

这个敏捷性，以及其他所有我们在本章中所讨论的内容应该让你更好地了解到，在你公司的风险基础架构中寻找什么和验证什么。接下来，我们将要探讨在董事会层面风险治理的最佳实践中，你的角色所起的作用。

第七章　董事会有关风险与承担风险的流程

我们刚刚研究了你公司员工所进行的良好风险管理工作的几个关键部分。你和你的董事会应该对这部分的工作内容进行验证，以确保它们的存在并运转良好。需要的话，你应该聘请公司外部的风险管理专家来帮助你对这部分的工作内容进行验证。尽管如此，在董事会层面依然存在风险治理，以及在追求公司的战略目标时，你如何授权承担风险和管理风险的信义责任。这需要采用不同的手段与措施，具体的内容我们将在下面来深入地讨论。

让我们先暂时回到 2008 年，当时有一群公司董事会董事和高级行政管理层人员，其中包括许多首席风险官，开始相互分享他们的最佳实践与风险信息。他们汇集的观点与看法来自不同的行业和世界上不同的地区。他们分享的形式也是多种多样的，既包括线下面对面的圆桌论坛、线上的演讲与会议，也包括现在称之为"危机情绪指数"所反映的原始观察。"危机情绪指数"是衡量金融危机后的大衰退期间全球经济与金融状况进展的指标。

这个被称为国际"董事会成员与首席风险官集团"的群体（Directors and Chief Risk Officers group，DCRO），不断发展壮大，最终其成员来自 120 多个国家，并超过了 2000 多人。这个群体的工作也转变为围绕着风险治理来制定实用而具体的指导原则，从而使世界各地的董事会能够更轻松地采用最佳实践。下面，我们来进一步检验这些风险治理的指导原则。

董事会风险委员会

在 2018 年 11 月，DCRO 发布了"董事会风险委员会的指导原则"。正如我们在上一章提到过的，在董事会层面设立风险委员会已经成为一种信义责任。就像我们所看到的，当公司尝试着应对 2020 年出现的新冠肺炎疫情所带来的特殊挑战时，已设立了风险委员会的公司都表现得更好。毫无疑问，随着我们从新冠肺炎疫情中不断地复苏，越来越多的公司将会在董事会治理流程中增设风险委员会。

这一系列指导原则的发布，为所有的董事会及每一个董事会成员都指出了需要认真对待的重要事项：

> 大多数的董事会成员都非常擅长并熟悉承担风险，但是，承担风险的经验与理解风险并不相同。董事会层面的风险治理是一个流程，涉及对不确定未来的动态分析、内部抵御风险能力的开发、承担风险能力的配置、可衡量损失容忍度的设置，以及预先设想一些从未被认为与业务风险有关，却可能具有潜在的高度破坏性的事件。这种类型的分析是对风险有特殊理解的董事成员的领域，也是董事会风险委员会被纳入公司治理最佳实践的起源。

如前所述，本书的目的在于帮助你在你的公司中建立起这样一种环境，从而使得你的公司能够充分发挥自己承担风险的能力来创造最大的价值。DCRO 撰写的"董事会风险委员会的指导原则"强调风险委员会的作用在以下几个方面是有别于其他委员会的。

1. 与风险治理和承担风险是为了增加我们公司的未来价值的理念保持一致：

    - 风险委员会的任务是前瞻性的，而不是在时间上向后看的。

2. 与实现你公司目标的第一原理的理解保持一致，风险委员会需要：

    - 加深对于实现公司目标的成功驱动因素的理解；

    - 建立警觉意识，既要关注针对成功驱动因素的威胁，也要关注把握成功驱动因素的机会；

    - 监督公司相对于其目标和责任的损失容忍度。

3. 正如我们在前一章中已经讨论过的，风险委员会需要：

    - 确保公司拥有必要的基础架构、专业知识和能力以识别风险领域中的新变化，并对严重偏离预期的公司绩效提供早期预警；

    - 确保公司的基础架构、企业文化、政策、程序能够培养抵御风险的能力；

    - 确保企业风险管理的组成部分完备，并且整个计划有效地运转；

    - 在全公司的范围内推动企业风险文化；

    - 向外部的利益相关者以及潜在的合作伙伴传达重要的信息，公司的管理层和董事会不仅理解公司所承担的风险，而且还了解该风险潜在的正面的与负面的影响。

最后一点至关重要。当主要的资金供应商是来自外部的时候，我们需要一个这样的风险委员会来帮助增强信任，从而降低提供给我们的资金成本。

完整的 DCRO 文件不仅为风险委员会的目的、形式、功能，以及该委员会在企业沟通中的作用等方面提供了指南，还提供了一份内容广泛的问题清单，风险委员会应该能够代表整个董事会来提出并回答这些问题。

薪酬委员会与风险

如前所述，薪酬委员会是董事会风险治理的基本要素。许多公司已经发现，激励机制所驱动的行为可以很容易地战胜由口头和书面指示的行为准则。这一现象也在心理学的文献里被很好地研究过了。

有关承担风险与薪酬激励的关键问题集中在：究竟是短期的、中期的、还是长期的绩效应该获得最大的奖励？究竟是固定的还是变动的薪酬最适合公司中某些特定的岗位？究竟是个人绩效还是公司绩效更为重要？薪酬是否应该与未来的不佳绩效挂钩？以及薪酬是否应该是固定公式化的还是酌情确定的，或是两者兼而有之的？

根据 DRCO "薪酬委员会的指导原则"：

经过对于这些问题的深思熟虑与周密讨论，董事会将会为承担风险而取得积极的成果做更好的准备。然而，为了履行其围绕薪酬治理的勤勉义务，董事会必须确保薪酬制定的理念中包括对公司所追求目标的有效沟通、必须验证公司追求目标的活动是在董事会所设定的范围之内进行，以及事先和事后了解公司所承担风险的潜在不利因素。因此，实际兑现的薪酬必须将董事会对于上述三个组成部分的理解与评估融合成为一种成功的公司企业文化，而不是仅考虑和奖励那些已经达到的或者是超过财务目标的。在确定薪酬激励机制时，没有考虑潜在的负面风险就意味着董事会没有履行自己的勤勉义务。

上面最后的一个陈述直截了当且明确无误。也许有些人会认为，由董事会为未能考虑薪酬结构使得公司的未来价值成为更加负偏态的分布而承担责任是不公平的。然而，结合董事会风险委员会的工作，并将其内容纳入 DCRO 文件中薪酬委员会的指导原则应该足以满足这一信义责任。

DCRO 发布的"薪酬委员会的指导原则"旨在为公司提供与薪酬理念和薪酬文化相关的风险治理的基本指南。值得注意的是，这个特殊的薪酬委员会的工作是董事会艰巨的职责之一。即使薪酬委员会工作的重点主要是确定首席执行官的薪酬，但是其工作会影响到全公司的每一位员工。因此，薪酬委员会的指导原则注重于治理更广泛的薪酬理念的战术实施。这个指南以这样的方式编写，从而它的实施对公司的未来价值产生积极的影响（译者注：即正偏态的分布）。

完整的 DCRO 文件为董事会及其薪酬委员会提供了数十个需要提出并解答的有用的问题。为了确保薪酬治理动态的最佳实践，文件中还附有一张薪酬委员会进行年度信息交流的图表。此外，文件中还引用了许多有帮助的参考文献，为这一富有挑战性的领域提供了更多的详细内容。你还可以在本书的参考资源网页上找到许多相关的文件。

网络风险治理

2018 年 6 月，DCRO 风险治理委员会重点关注了"网络风险和技术风险"，并发布了"网络风险治理的指导原则"。撰写这个指导原则的网络风险治理委员会聚集了一批来自世界各地的杰出的精英人才，其中一些人在应对商业领域、情报领域和政府部门的网络犯罪方面，拥有非常具体的责任与专业知识。

这个文件是为了赋予董事会在公司内部治理网络风险的能力，并确保其网络安全规划不仅有效并且具有适当的灵活性。正如该文件所述，网络安全是无法完全保障的，但及时与适当的反应措施是可能的。与拥有抵御风险的能力产生积极作用这一主题一致，网络风险的指导原则阐明，对于网络安全问题能够做出快速识别和反应的能力将最终决定公司在发生网络风险事件之后的恢复。这个网络风险治理委员会的指导原则把网络安全上升为公司最高行政管理层的议题，而不仅是一个技术性的议题。

与其他形式的风险治理不同，在董事会指导下的网络风险治理仅仅是防御性的。换句话说，尽管网络风险治理主要侧重于增强防御风险的能力和减少损失，但对于什么是构成公司数字化的"皇冠珠宝"级的资产有比较清晰的认识，也有助于董事会更深入地理解公司业务活动成功的第一原理。这些资产的价值是确定你公司风险资本或者是承担风险的能力是否充足的一个决定因素。就像"网络风险治理的指导原则"所指出的，"对于这些资产的盗窃、非授权使用，或者是损害都可能对公司形成致命的风险"。从这一点也可以清楚地看出，网络风险治理是董事会层面的责任。

此外，文件中还讨论了一些风险管理人员称之为"三道防线方法"的概念。注意到由于网络风险管理侧重于防御方面，所以这里的"三道防线方法"对于网络风险管理比对于其他一些承担风险的活动更有价值。具体而言，所谓的"三道防线方法"包括风险识别与评估、风险管理和风险监控。虽然这一方法在应对网络风险方面可能更有价值，但它也为一般情况下承担风险以追求积极的成果奠定了坚实的基础。验证这一方法的实施是否行之有效，是董事会治理职责的一个组成部分。

这份"网络风险治理的指导原则"已经成为 DCRO 所有的指导原则出版物中最受欢迎的文件，其可能是由于网络风险不仅是一种持续存在的现象，而且网络风险也随着防御措施的进步而不断地演化。就像其他优秀的公司治理文件一样，"网络风险治理的指导原则"为董事会和董事会委员提供了一个框架和流程，予以有效的治理而不仅仅是管理来降低网络风险。随着新的网络威胁的出现，这个框架与流程也要不断地演化，从而建立起公司抵御风险的能力。

寻找合格的董事会风险董事

尽管我有意地在本书中把与风险有关的术语尽量保持在最低水平，但是在我们有关风险类型的讨论中，你肯定已经见识到了一些这样的术语。然而，对于这些常用风险语言的了解并不是为了使每一位阅读本书的董事会成员都成为风险专家。事实上，在董事会层面需要有一种非常特殊的，且具有前瞻性的思维方式和被 DCRO 称为"合格的董事会风险董事"的特殊人才。

在我和董事会成员打交道的工作中，我常常看到被我称为线性的、多线性的和随机性的对待未来的思维方式。线性思维方式的人看未来只有一条道路并且充满信心地沿着这条路朝前走。如前所述，信心可以带来成功，特别是如果信心是建立在了解风险的基础之上的。多线性思维方式的人承认，在公司战略规划和员工执行的过程中有可能产生多种不同的结果。这两种思维方式相得益彰，结合在一起并在董事会中占据主导地位。第三种随机性思维方式的人特别习惯把风险作为一个前瞻性的概念：对他们而言，风险既可以是正面的也可以是负面的，承担风险的结果也可以拥有多种不同形状的分布。正如在董事会需要拥有多元化的经验和观点以避免群体思维并更加具有创造性是十分重要的一样，在董事会中至少拥有一位具有随机性思维方式的成员可以增加巨大的价值，尤其是在讨论有关风险治理方面的议题中。

　　考虑到上述目标，DCRO 的第一个指导原则文件"合格的董事会风险董事指南"的编写为后续的其他指导原则文件奠定了基础。这份文件描述了作为一个"合格的董事会风险董事"所需要具备的风险知识、个人品质、教育背景和工作经历等内容。这个文件的精神实质是与审计委员会财务专家的概念相一致的，但侧重于识别那些对风险治理十分重要并具有特殊才能的人。这样一位人才可能更适合于就公司的风险管理架构进行交流与沟通，以及对其他的董事会成员就风险概念进行普及教育。这种风险概念的普及教育包括风险是一种稀缺的商品、风险是有成本的、风险是与信任相关的和风险是与整体的资金成本密切相连的。

　　这个文件中所描述的许多特征在董事会成员中很常见。这些特征可以在某些董事会成员的言谈话语之中体现出来。一个有趣的并且值得指出的现象就是，在这些指导原则发表之后不久，公司治理评级机构就开始分析董事会中是否拥有风险专家，并根据分析结果对公司评级做出相应的调整。这两者是平行的，尽管看起来是在相互交叉验证。

　　在本章中我突出强调了四份公司治理的指导原则文件。董事会成功承担风险需要建立关键的基础架构与流程。在这一过程中，这些文件是非常有帮助的。但是，你也会发现其他的标准，例如国际标准化组织有关风险管理的 ISO 31000 标准，也是非常有帮助的。也许有些意外，这些标准是衍生自一个非常流行的监管文件，即"澳大利亚－新西兰风险管理标准（AS NZS 4360）"。随着结束本章的阅读，并将你在这里读到的内容与你所了解的有关你公司风险基础架构的最佳实践加以整合的过程中，你也可以参考有关 ISO 31000 标准的文件。这份文件简洁精练、应用广泛，在你的公司治理活动中会是相当有用的。

就像前面提到过，在本书的后面有参考资料库的网页链接，其中包括其他类似于 ISO 31000 标准这样的有帮助性的文件和我的另一本书，即本书的姐妹篇《治理的重新构想》。在那本书里提供了 DCRO 所有已经发布过的四个"公司治理的指导原则"文件的全文。

第八章　一个持续的创新过程：避免"衰退"

在下面两章里，我们将要研究成功地建立公司企业文化和基础架构的两个关键因素，从而能够产生积极的未来结果（译者注：公司未来价值的正偏态分布）。在本章我们将进一步扩展已经在本书中阐述过的，一些有关为什么需要建立风险治理的概念，并初步探讨一下与公司追求目标相关的复杂网络。我们对于网络的关注会不断地扩大，并将在下一章进一步探讨如何最有效地利用这些网络。接下来，让我们来看一下这些网络的现状。

首先，任何一个公司要获得成功的话都需要一个关键的因素，即客户。我们需要客户看到我们的产品与服务能够为他们产生足够多的价值，以至于他们愿意用宝贵的资金来换取我们公司所提供的产品与服务。其次，虽然在人力资本、金融资本以及其他方面，我们能够拥有潜在资本提供者广泛的网络，但是如果没有这些客户（或捐赠人）选择把他们手里的货币（或捐款）交给我们，我们就无法实现公司（或慈善机构）的目标。

"衰退"的概念

如果没有新冠肺炎疫情，你的公司很可能做得不错，或者是做得足够的好。但是，实际情况并不总是这样。事实上，就像你将要在这一节以及下一节里所要看到的，公司的绩效是有生命周期的，即使你的公司目前正在经历指数式的增长阶段，这个"生命周期"问题也应当引起你作为受托人的关注。

巴特利·麦登和他在卡拉德－麦登联合公司的同事们从 20 世纪 90 年代的后期开始研究，是否存在可以被识别并最终能够被人们理解的公司的生命周期。他们所采用的"主要成分分析法"已经被广泛地应用于营利性的公司。他们的研究非常成功，并由此产生了一个现在被称为企业"衰退"的概念。这是一个非常形象的术语，用来描述公司发展的共同趋势，即随着公司的成熟发展，它们高于其资金成本的超额收益逐渐地消逝。最终，当衰退持续存在时，公司将达到其回报等于或低于其资金成本的地步，即公司不仅开始不再创造价值，而且在不断地摧毁价值。图 8.1 形象地显示了企业"衰退"这个概念。

衰退是缺乏创新的反映。在本书开始的时候，我已经提到过惧怕承担风险是走向失败最确定的途径，因为我们的客户最终将为了其他更好的选择或者是发现我们所提供的产品与服务不再具有任何新的价值后，离我们而去。衰退可以通过麦登称为"知识构建能力"的过程加以克服。这一过程是用系统化的方法来理解公司是如何运转的，通过它麦登创造了"企业的务实理论"。麦登在其同时期的著作《创造价值的原理》一书中对此理论进行了重点阐述。

知识构建能力是一个内容非常丰富的概念，以至于我们无法在此简要地将其作全面介绍。尽管如此，我仍将在本章的后面提供一些更多的细节。但是，我还是强烈地推荐你去读一读麦登的原著。简单地说，他的理念就是如何利用那些与我们公司成功密切相关的人士所建立起来的内部和外部的知识网络。在下一章里，我们还会进一步更广义地讨论这

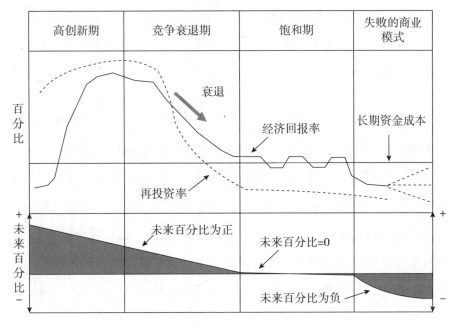

图 8.1　企业衰退

资料来源：巴特利·J. 麦登的《创造价值的原理》，约翰·威利父子出版社，2020 年（经许可后使用）。[①]

个理念，因为如何利用我们的网络是我在《治理的重新构想：组织设计、风险与创造价值》一书中所概述的治理模型的核心内容。这也就意味着麦登和我都认为，你应该熟悉地掌握这些观点和理念来做好你作为受托人的工作。

在麦登的书中，他把缺乏这种知识构建能力定义为"企业风险"。

企业风险就是那些干扰公司管理层达到其目标的障碍。企业风

---

① 巴特利·J. 麦登指出："根据一个公司消耗其现有资产所产生现金流的折现值，我们可以估算该公司资产的价值。在从公司已知的市场价值中扣除这个估算的公司现有资产的价值之后，我们就能够得出隐含的公司未来投资的价值。这个'未来的参数'代表了公司未来投资的价值占公司全部市场价值的百分比。这个参数回答了这样一个问题，即今天的股票价格是否反映了公司未来生命周期绩效的可行性？"

险的增加（或减少）是与达到公司目标可能性的减小（或增大）同步发展的。在其他条件相同的情况下，企业风险增加就意味着公司未来财务绩效下降的可能性更大。

我倾向于强调失败是负面风险的观点，而实施在麦登的书和我的书中所提到的风险治理框架将会增加正面风险，从而能够阻止或战胜由于缺乏持续的创新和创造新的价值所产生的负面风险。然而，我通过与麦登谈话了解到，他同样非常注重承担风险所带来的好处。通过犀利的观察，他认识到企业风险的发展是一个长期的过程。这一观点极为重要，尤其是与书中所提到的建立抵御风险能力的框架和流程结合使用。

由卡拉德－麦登联合公司所开创的研究工作后来由一家名为 HOLT 价值联合公司的企业继续进行，麦登曾是该公司的合伙人。随后，HOLT 价值联合公司在 2002 年被瑞信公司收购。麦登在他的书中指出，到目前为止，世界上许多大的投资公司和资产管理公司都是瑞信 HOLT 公司的客户，它们仍然受益于"生命周期估值"方法对于全球超过 20000 家公司所做的分析结果。[1] 作为一家上市公司的董事会成员，如果你和董事会的同事还不了解这些分析数据，那么你和董事会的同事需要熟悉它们。因为这些数据似乎已经被一些主要的金融资本供应商广泛地使用，而这些金融资本供应商对你业务的成功可能是至关重要的。

城市令人惊讶的数学

如果你已经读过了我的《治理的重新构想》，或者是杰弗里·韦斯

---

① 巴特利·J. 麦登，《创造价值的原理》，约翰·威利父子出版社，2020 年。

特的畅销书《规模》的话，你就会熟悉韦斯特博士和"复杂性科学（Complexity Science）"。后者是我们这个时代十分重要的科学创新之一，它在物理学、金融学、生物学、社会学、经济学和其他领域都得到广泛的应用。如果你熟悉复杂性科学的概念，就不会对新冠肺炎疫情暴发和传播的速度感到惊奇了。这仅是理解复杂性科学的收获之一。

韦斯特研究复杂性系统之间的相互关系。复杂性系统（Complex Systems）与复杂的系统（Complicated Systems）之间的天壤之别就在于前者整体的输出（价值）要大大地超过其零部件的总和。举例而言，你的生命就是一个复杂性系统。

复杂性系统在自然界里比比皆是，既可以在植物中找到也可以在哺乳类动物中找到。同样，公司与城市也是具有复杂性特点的系统。它们都是合作、竞争和知识共享相互作用的动态产物。它们通常会取得惊人的成功结果，也可能会崩溃，称为复杂性崩溃（Complexity Collapse）。韦斯特写道，城市显示出拥有独特的能力，能够在难以置信的压力条件下生存，甚至包括经受核弹攻击。然而，哺乳类动物仅表现出短暂的生命周期。就像我们常常听到的那样，死亡与税收是生命中的两个最确定的事件。

于是，韦斯特问道，企业更像城市还是更像哺乳类动物？企业是否也具有像哺乳类动物一样的生命周期：快速增长，然后趋于平缓，最后是衰退与死亡？

可悲的是，企业看起来更像哺乳类动物。这也许对于麦登、他的同事，以及瑞信 HOLT 公司的客户来说都不是意外。独立并且是从完全不同的物理学家的角度，韦斯特找到了麦登和他的同事已经发现的事实。这不是一个令人鼓舞的结果，除非你开始认识到为什么城市能够生存和发展。

韦斯特指出，如果企业想要摆脱哺乳类动物那样的生命周期，它们必须创新以适应不断变化的环境。可怕的是，他说企业必须以越来越快的速度创新，否则它们将会输掉这场战斗。这听起来虽然很累，但是实际上城市正是这样做的。这正是麦登书中所得出的结论，也是我在《治理的重新构想》一书中所讨论的内容。这样做需要与我们网络中的人士互动、高度的信任、承担风险权限的下放，在下一章中你将能学到更多内容。然而，所有这些内容都在《治理的重新构想》一书中得到广泛的讨论。

知识构建能力

首先让我们仔细考察一下知识构建能力。

根据麦登的观点，大多数管理团队所面临的挑战是如何最好地提高现有资产的效率、保持公司的竞争能力、同时还能投资新的机会。他们必须能够识别并且欢迎那些新的、有可能取代现有产品与服务的机会。我们可以再次参考一下我在本书的前面曾经提到过的诺基亚公司的故事。在 2012 年，诺基亚公司的董事会主席曾经试图创建一种知识构建能力，他称之为"偏执的乐观主义"的企业文化。这意味着用一种现实主义的文化，结合某种形式的彻底透明度和基于情景分析思维对于未来的积极展望来推动公司未来的发展。①

麦登将知识构建描述为一个动态的过程、涉及许多不同经验人员之间的互动，这是他所谓的"知识构建循环"的一部分。这一循环涵盖

---

① 参见巴特利·J. 麦登的《创造价值的原理》（约翰·威利父子出版社，2020 年）和丽萨·西拉斯马的《改变诺基亚：偏执的乐观主义力量所带来的巨大变化》（McGraw – Hill 教育出版社，2019 年）。

了我们公司对内部与外部的世界观、我们公司采取的行动、所承担的风险，以及来自多种渠道的反馈信息流。所有这些循环因素相互影响，从而形成我们已知的理念和我们公司所表达与希望的目标。

再次强调一下，仅对麦登的"知识构建能力"的概念和《企业的务实理论》一书所做的简单化处理是不够的，就像我在本书的引言部分所提到过的博物馆一样，在看了我所做的简单介绍之后，建议你去阅读一下他的原著。

投资组合的思维方式

本章中这一部分最初的标题是"风险投资的思维方式"，它与我在《治理的重新构想》一书中的用法是一致的。我很惊讶地发现，从一位我非常尊重的董事会成员那里得到了一些负面的反馈。然而，她在这方面更多的是涉及我称之为"秃鹫投资人"（译者注：不良资产投资人）的经历。这些秃鹫投资人注重于收购经营不良的企业，从中获取他们想要的东西，离开后只留下"裸露的骨头"和"不需要的肉"。所以，让我先来解释一下"投资组合的思维方式"。

多元化是一个术语，它被用来描述通过把投资资金分散到多个不完全相关的资产来降低整个投资组合的风险。如果做得好，真正多元化资产投资组合的总投资风险将低于仅由一种或少数几种类型相似资产所组成的投资组合的风险。多元化投资组合的未来结果更有可能是正偏态分布的，而且毫无疑问，它只需要较少的资本来维持。

风险投资人想要建立由不同的投资项目构成的多元化投资组合，一般来讲每一个投资项目的规模在开始时都很小。他们的目标是在这些投资项目中培育出少数几个能够获得极大成功的项目，并且同时确保不会因为那些失败的项目而影响到整个投资组合的生存。换句话讲，没有任何一个"赌注"（译者注：风险投资项目）会大到对整个风险投资基金造成实质性的损害。如果你还记得我所提到过的信安金融集团"野蛮生长式的渐进主义"的做法，你应该在这里看到这两者之间的相似性。

大多数公司都是一个由理念、产品和服务所构成的组合，同时它也是一个由物质资本、人力资本和金融资本所构成的组合。将投资组合的概念和良好的风险投资组合管理的手段运用于我们的公司，将会极大地帮助我们持续地创造价值、避免竞争衰退和通过创造尽可能大的收益降低失败的影响来逃避哺乳类动物的生命周期。因为这些巨大的成功，也将允许我们承担更多"小赌注"的风险，这样我们的公司就可以如韦斯特所描述的那样，正在以越来越快的速度创新。

在一个成功的风险投资世界中，三个成功的项目会孕育出九个成功的项目、接着九个孕育出二十七个、二十七个孕育出八十一个，以此类推。就像新冠肺炎疫情期间在全球不断攀升的病例数字一样，这种快速增长的现象，人们常常用"病毒式传播"来描述。事实上，新冠肺炎疫情也的确是以这样的速度传播的。不过，在 2020 年之前，"病毒式传播"这个名词一般还是以正面积极的意义被使用。

毫无疑问，正像你已经了解的那样，一些初创企业并不具有多元化的性质。实际上，一些专注于早期公司的风险投资人会拒绝投资从事多元化业务的初创企业，投资人只希望他们的企业家合作伙伴能够将注意力集中在其初创企业的"本职业务"上。这样的做法仍然是与我在此引用的风险投资的思维方式相吻合的。

规模较大和比较成熟的公司更有可能是依赖董事会而不是风险投资人，向他们的投资组合公司提供管理指南与意见。这样的实体企业在高度关注它们日常工作成功的同时，必须付出额外的努力来确保它们承担风险的文化持续不断地驱动内部的创业与创新。这样的做法是达到未来价值正偏态分布的关键因素之一。

在下面的一章里，我们将要考察如何将人的因素纳入知识建构循环之中，以帮助你公司的创新和抵御风险能力的建设。作为公司宝贵资产的监护人，董事会如何利用社交网络资源及其成员所拥有的知识对于你公司的成功是至关重要的。

第九章　在对话与反馈的循环中日趋完善

　　我们已经讨论了公司风险基础架构的要素，这些要素应该让你公司对自己承担风险的能力充满信心。公司风险基础架构的要素之一就是得有一位头衔为首席风险官的人。自从詹姆士·林首次获得该头衔以来，许多年里，首席风险官的职能与作用一直在不断演化。在一些地方，任命首席风险官是为了能够事先向管理层发出警报，以使得"坏事不至于发生"。我曾经担任过一个风险管理的领导职务，尽管我的头衔并不是首席风险官。当时的首席执行官曾经告诉我，他感谢我对公司的贡献，因为我的贡献使他晚上能够睡得更好。

　　从那些早期的风险管理领导人员职称的发展到现在，目前你可以发现许多公司的业务部门或者是跨国公司在各国的业务部门都设有首席风险官。换句话说，一些公司设有多个"首席"风险官。在银行业和其他的一些行业，监管机构现在要求设置一位"首席风险官"，有的监管机构甚至还有权审批首席风险官的任命。

　　西北大学凯洛格商学院是美国公认的顶级商学院之一。2007 年，我与当时担任西北大学凯洛格商学院院长的迪帕克·杰恩开过一次会。他很想更多地了解首席风险官的职能与作用。虽然我认为我可能会改变他的观点，从而改变凯洛格商学院对于首席风险官重要性的看法，但是后来我发现，我的观点反而被杰恩院长改变了。

在我们的会议上，他问我认识多少位对客户负责的首席风险官。我听了之后不由得一愣，在稍微停顿了一下后我回答说，"在我所知道的首席风险官中没有一位是这样的"。他微微一笑，往椅背上一靠略带讽刺地问道："如果他对于一家公司所面对的最大的风险不负任何责任，也不知道他们的客户两年以后的需求是什么，那么他怎么能够被称为首席风险官？"

从那天以后，我更加努力地工作，以改变那些风险管理负责人关于他们责任的思维方式。在本书前面我提到过一家房屋抵押贷款公司，通过我在那家公司工作的经验，我已经了解到了良好的风险管理与成功地满足客户需求之间的联系。但是，杰恩院长将公司风险提炼成为一个要素的精辟论述，即你客户未来的需求，改变了我考虑风险的优先次序。我们的讨论非常有价值，我受益匪浅，可能比他收获更多。

公司的社交网络

我能够与杰恩院长一起开会讨论的原因是，我认识一些当时在凯洛格商学院教书的人，其中的一位是在我妻子出任牧师的校园参观访问的时候认识的。通过在一个风险管理行业协会担任领导的工作，我后来又结识了一些其他的人。这些人际关系都是通过其他的人际关系而建立起来的。现在，我与杰恩院长的关系又把其他的人和你联结在一起了。为什么这个关系网络这么重要？

我们每一个人都在某种程度上认识到，我们是社交和职业网络的一部分，但是我们中的大多数人并没有意识到，我们每天都要和成百上千的网络与系统打交道。在图 9.1 中，我分享了一个非常简单的图形，它显示了一些与凯文·培根的生活有关联的人物和公司。凯文·培根是一

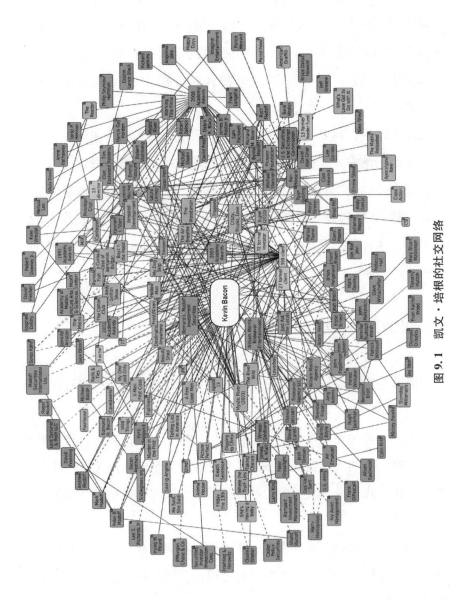

图 9.1 凯文·培根的社交网络

资料来源：Muckeety. com。

位著名的演员，他最出名的就是扮演了一个在不该跳舞的时候跳了舞的角色。凯文·培根也因成为游戏"与凯文·培根的六度分离"的主角而闻名。在这个游戏中，你将尝试在不到六个步骤（六度）中找出相互关联人的名字，这些人最终都与凯文·培根联系在一起。"与总统的六度握手"是这个游戏的另一个版本。不过，在新冠肺炎疫情期间，握手成了不能玩的游戏。

他的网络看起来很复杂。事实上，这个网络也的确是相当复杂的，就像我们在前面讨论过的那样。如果没有这样一个网络，凯文·培根就不会像现在这样成功。即使网络中有些人会说他的坏话，但整体而言，他的工作使他成为了一个大明星。

每一个公司都有一个类似于图9.1所显示的网络。在这里我们专注于治理承担风险的过程中，如何积极地利用我们公司重要的社交网络。我们与那些社交对象互动，都是在一个非常简化的格式中，关于我们的沟通线路可以如图9.2所示。这里命名的每一个实体都有能力对我们公司的未来价值产生积极的和消极的影响，在本章要讨论的是如何能够最积极地来利用这些。

与公司的社交网络互动

在《治理的重新构想》一书中概述的治理模型被称为一个网络化和分布式的治理模型。我之前曾经暗示过，良好的董事会风险治理基础架构和流程的结果之一，是能够更加自信地授权员工承担风险、抓住创造价值的机会，即使在此过程中发生了一些损失。这是分布式要素的重要组成部分，它们阻截新出现的负面风险以帮助我们提高抵御风险的能力。两者都为建立公司未来价值的正偏态分布作出贡献。

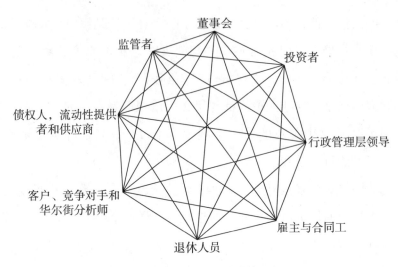

图9.2 影响公司价值的互动网络

公司董事会被多个实体赋予信任，这些承诺与公司互动的实体包括投资者、供应商、监管者、客户和员工等。像这样高度承诺的关系对于成功至关重要。这些实体中的每一个都可以为我们的流程带来价值。

巴特利·麦登的书中写道，利用这些实体的反馈来维持一个知识构建的企业文化，这与我偏好的治理模型中的网络化要素是很相似的。就这本指南书而言，我将重点介绍一下网络化模型方面的几个要素，以帮助我们通过与公司社交网络的互动来获取有关客户需求的最佳情报和满足这些客户需求所需要的资本。

利益相关者委员会

许多董事会的成员对于"利益相关者"一词的使用都有一种本能的反应。行业领先的投资管理公司，例如由劳伦斯·芬克担任首席执行官与董事会主席的贝莱德集团和商务圆桌论坛都已经开始强调，所有的公司都有超出股东短期期望的勤勉义务，理由是这样的做法符合股东的长远利益。我完全同意此观点。

请记住，承担风险需要各种形式的资本。资本是一种商品，这意味着风险需要像稀缺商品一样被谈论和被珍惜。每一个利益相关者都有可能增加或者是减少资本的成本，这意味着他们都有能力增加或者是减少承担风险的成本。如果承担风险的成本增加，我们承担风险与创新活动投资组合需要跨越的障碍（译者注：最低回报率）就会更高，这意味着我们只能承担更少的风险。投资组合中风险少意味着投资组合的多元化程度更低，总体上更有可能产生不利的结果，也就更难以出现飞跃性的成功。

因此，我们希望能够找到一个途径来与这些利益相关者互动并汲取他们的经验，同时给予他们一种主人翁的感觉来分享我们的成功。除了我们的竞争对手之外，在我们公司的社交网络中没有人希望我们失败。

实现这一目标的一种方法就是创建利益相关者委员会，该委员会可以就新出现的问题或者是需求向董事会提供非正式的建议。还有一种更极端的模式是创建一个利益相关者委员会，该委员会有权否决公司的计划。这样一种过分激进的理念不是大多数人愿意考虑的，但是这种做法表达了极大程度的信任与参与。董事会还可以采取措施确保各种各样的利益相关者委员会能够与业务部门的负责人互动，甚至是与第一线的风险承担者互动。这样的做法也是一种积极的风险治理形式。

无论采用哪一种方法，重要的是那些你成功所依赖的人们能够就他们对你的公司、产品，以及服务的想法及时与你进行沟通。

与员工的行政会议

我们可以通过那些定期与利益相关者互动的人来加强反馈。虽然董事会经常会见首席执行官、首席财务官、首席风险官或其他管理委员会的成员，但有时出于这些精英们的愿望或者是利益，他们反映给董事会的信息可能会被有意地或者无意地过滤。这是第三章中我们已经提到过的错误信息风险的一种形式。

通过安排来自公司不同的部门和担任不同职能的员工与董事会风险委员会见面，董事会可以获得新的有关公司前景与绩效的蓝图。安排这些会议的目的并不是培育对管理委员会成员的不信任感，恰恰相反，它们旨在让董事会更有信心地向管理委员会授权，从而进一步扩展良好的分布式风险治理。最终，董事会为管理层创造了更多的，而不是更少的自由空间。

当艾莉娜卫生系统的总裁兼首席执行官彭妮·惠勒博士被问到，她的机构是如何成功地应对新冠肺炎疫情所带来的种种挑战时，她向有关机构的领导人做了如下的建议："尽可能多地向在第一线的工作人员学习，他们将帮助指导你的选择和决定，因为那里有你需要倾听的天才。"[1]

共同财产的识别

我已经在早些时候提到过了，除了我们的竞争对手之外，我们公司的社交网络中所有的其他成员都希望我们能够获得成功，这符合我们大家的共同利益。然而，请不要把共同利益与共同财产混为一谈，尽管它们两者是有关联的。

---

[1] 哥伦比亚广播公司《周日朝闻》节目，"我们的国家需要什么样的领袖人物?"，2020 年 4 月 12 日。

你也许听到过这样一种表述，即"共同财产的悲剧"。这是加勒特·哈丁的名言，当时他在谈论由于缺乏政府对于共同资源，即共同财产的监管而几乎造成了这些资源的消亡。空气、水和牧场就是共同财产的几个例子，它们在许多地方都被滥用甚至被摧毁。事实上，共同财产并不一定要被悲剧式地滥用。诺贝尔奖获得者的研究表明，共同财产的自治实际上可以比任何政府法规或者是任何典型的等级制管理结构能更有效地利用这些资源。这是一个具有强大说服力的模型，它告诉我们识别公司中的共同财产是非常重要的。

非常明显和重要的共同财产之一就是我们的品牌或者声誉。请记住，声誉是我们影响或者说服他人的能力。我们的声誉越好，我们的影响力就越大。越大的影响力意味着越容易吸引资金，并且……剩下的你都已经知道了。公司的声誉也会影响到别人对我们价值的评判。在大型的上市公司中，"无形资产价值"占整个市场价值的比例从1975 年的17% 增长到2015 年的84%。[1] 无形资产价值，顾名思义，纯粹是投资人对你公司是否能够满足他们对未来预期的印象。它反映了市场对你公司的创新能力、品牌，或者是声誉价值的信任度。据估计，后者在大型的上市公司的无形资产价值中占25% 左右。[2]

不仅是上市公司才具有能够影响实现公司目标能力的无形资产价值，甚至是在非营利慈善组织身上也能够看到无形资产价值的影响，特别当一些慈善组织发现自己与其他同样需要集资的慈善组织相比更容易吸引捐赠人。

另一类共同财产的例子是我们承担风险的总能力。尽管不能与我们

---

[1]　奥森·托莫，《无形资产市场价值研究》，2015 年。

[2]　凯特·艾尔斯顿和尼克·希尔，《无形资产市场价值研究》，les Nouvelle – the Journal of the Licensing Executives Society International，Vol. LII No. 4，2017 年 9 月。

的品牌或者是公司整体的声誉完全分开，但是一旦资金有了保障，我们就需要开始管理这一类共同财产。事实上，这一类的共同财产有多种不同的形式普遍存在于我们的公司中，出现在每一个新的或者现存的项目开始使用资金的时刻。我们开始看到，一旦承担风险的总能力被视为一种我们不希望被滥用的共同财产，承担风险的成本与获利之间的各种联系才能够得到最有效的管理。

成功的共同财产治理

我在上面提到的诺贝尔奖获得者是埃利诺·奥斯特罗姆。她虽然已经于 2012 年去世了，但是她有关成功的共同财产治理的学术研究是非常出色的，并且至今在商业和监管方面仍然有着相当大的影响力。

在奥斯特罗姆的模型中，为了取得成功，必须应用和呈现八项原则。我将在下面对其加以解释并略做修改，以使其适用于对公司的治理和管理，而不是用于对水、空气，或其他的自然共同财产的治理。

1. 在进行风险资本配置时必须要设立明确的边界。

2. 在追求公司的目标时，限制行为的目的与规则必须被大家所理解。

3. 在上述 1 所确定的边界之内，并在满足上述 2 所设立的目标与限制的条件之下，有权使用某个团队风险资本的团队成员拥有不受约束的自由来进行风险资本的重新配置。

4. 所有的活动都要受到该团队内部人员和包括利益相关者在内的外部人员的监控，以建立高度的透明度。

5. 一旦出现违规滥用行为，有关人员必须受到惩罚，并随着违规程度或者是频率的增加，惩罚也要越来越严厉。

6. 必须要有独立的手段来解决每一个团队内部的纠纷。

7. 只要所有的规则都被遵守，每一个团队被授予的自由必须受到尊重，并不得随意改变。

8. 所有的这些团队都是镶嵌在一个更大的实体之内，等效地建立了一个多元化的承担风险的投资组合。

信任与正面放大效应

你在上面两次看到了"自由"这个词。没有信任，自由就无法完全实现。信任来自一个使董事会对于公司承担风险的活动充满信心的流程。给予的信任越多，通过上述八项原则验证的信任越多，你的公司就越有可能开始经历那种杰弗里·韦斯特所说的"病毒式"的巨幅增长，从而摆脱公司走向死亡的命运。

但是，这样的正面放大效应并不仅仅来自我们内部的活动与理念的组合。通过让利益相关者参与我们的流程，他们就会对于我们所从事的工作产生一种主人翁意识，并且可以对我们公司的目标与愿望起到一种正面放大的作用，从而使我们的公司对他们更具有价值。

更高的信任就意味着更低的……好吧，够了，这话已经说过太多遍了。到现在，你应该已经可以把它背下来了。我们正在走向正偏态的分布，这是每一个董事会在其受托人的角色中最终的目标。我希望这本书以及我向你推荐的其他参考资料，能为你的公司更有可能成功地实现其未来价值的正偏态分布起到重要的作用。

第十章　与其他董事会成员
一起要采取的新步骤

通过这本简短书籍的前九章，我试着以导游的方式向你介绍了一些理念，以帮助你把风险从我们所恐惧的事物转化为在追求我们的目标时可以加以利用的事物。我们的公司之所以存在是有原因的。这些公司已经取得成功，足以保证董事会的建立和来自董事会的治理需求。你成为受托人，也是因为你事业上的成功。但是，随着需求的改变，你将需要做更多的工作。不管你的公司服务于哪一个市场，作为个人你都可以为我们全球性的或者是区域性的福祉作出更多的贡献。

那么，你下一步做些什么才能够通过拥抱风险而创造价值？你能够做些什么才能够增强他人对你的信任并提高你公司抵御风险的能力？

在我的工作中，我建议公司采取下列的五个步骤来实现进一步发展。

步骤一：优先考虑信任——就像我在这本书里以及我其他的文章中一再强调的那样，你所做的任何事情的基础，就是在那些对你的成功感兴趣的人群中建立高度的信任。你在第一个步骤所采取的行动，就是要评估内部的受托人（译者注：你和其他的董事会成员）和你公司关键的创新者之间的信任程度。紧接着，你要评估你和你公司的社交网络中外部成员的关系。具体的做法既可以是通过一对一的直接对话，也可以是通过针对这些关键对象开展更广泛的书面交流。你可以根据现状了解现有的信任，或者是发现在哪些地方你看到关键性的人物离你而去，并试图更好地理解这些行为的第一原理。

资本供应商渴望信任。像明晟公司（MSCI）、汤姆逊－路透公司、全球领先的独立研究公司 Sustainalytics 以及国际股东服务公司 ISS 等都提供针对上市公司的治理、环境和可持续发展方面的评级服务。慈善组织评估监督机构 Charity Navigator 以及其他公司对非营利慈善机构进行评级。穆迪公司（Moody's）、标普全球公司（S&P Global Inc.）、惠誉国际信用评级有限公司（Fitch）、邓白氏集团（Dun & Bradstreet）和镰仓公司（Kamakura）等，则提供企业信用风险评估与评级服务。如果在我们的合作伙伴中没有追求更大信任需求的话，这些公司就不会存在。

接下来的几个步骤将帮助你解决在自我评估过程中发现的一些不足之处。

步骤二：进一步与你内部的和外部的社交网络互动——即使信任程度已经相当高了，你和其他的董事会成员也应该开始寻找新的途径来进一步改善与对你的成功至关重要的对象的互动。你可以建立利益相关者委员会，或者是至少要确保那些最能够承担你公司风险的人拥有清晰的渠道能够迅速地向你反映新出现的问题与需求。这些问题与需求可能来自我们所服务的客户，也可能来自产业链上我们所依赖的服务商与供应商。你可以利用在第一个步骤中提到过的书面交流获得的数据，或者是阅读公司治理评级机构和其他分析师的报告。这些评估报告将会告诉你，与那些和你竞争同样资本的其他竞争对手相比，你的公司是被怎样描述的。就像我所一贯强调的，这些关键的盟友是潜在的正面和负面的风向标，他们对你公司的成长和长期生存是至关重要的。了解他们所知道的、所感受到的，或者是所相信的信息可能是非常有价值的。

步骤三：为创新创造条件——创新对于你公司的持续发展是至关重要的。就像杰弗里·韦斯特所指出的，你必须以日益加快的速度不断地创新，才能获得确保你公司长期生存所需要的高速增长。当能使你公司成功的关键各方之间存在高度的信任与互动时，创新就会发生。在你建立多种渠道尝试新鲜事物、孕育成功和控制下行风险的过程中，知识构建和以风险投资组合的思维方式去承担风险都是非常重要的。

还需要你公司的风险管理人员能够与承担风险的人员密切合作，让他们深入地了解风险的单项成本。如果你的公司目前还不具备这样的能力，现在就是你要开始投资这些必要资源的时候了。我可以向你保证，这一投资的回报将是你所做的任何其他事情都无法比拟的。

最后，你还应该使用 DCRO 所撰写的指导原则来检查一下你的薪酬计划和理念。确保这些公司意向的强烈信号与你公司的目标、目的和意向中的企业文化保持一致，这对于你公司的成功来说也是必不可少的。

步骤四：利用你的发现——已经完成或者即使刚刚开始上面提到的三个步骤，都将会引导你获得新的理念和发现新的风险。每一个新的理念和新的风险都会为你提供更多的机会和更强大的抵御风险的能力。这一过程不仅使公司高级行政管理层和董事会在公司治理方面更上一层楼，同时你公司的员工和董事会中可能会增添风险管理专业人才的需求。

你可能需要聘用一位首席风险官，或者是建立一个风险管理部门。董事会和公司之间的双向信息交流应该是持续不断的、专家级别的和多种渠道的，以确保你的公司不会陷入普遍的群体思维或者是只对恐惧做出反应。如果你采取了这些积极的步骤来应对你的发现，你将不仅会在晚上睡得更好，并且还能够更加自信地承担风险。这就是我们接着要讨论的第五个步骤。

步骤五：向你的风险承担者授权——这种新的理念带来的应是有更大的信心去承担风险，并将承担风险活动分散到你公司最擅长承担风险的人群中。这种网络化和分布式的治理形式，赋予了你的公司追求其目标的能力，同时也为你提供了公司运营中所需要的信任。这种权限下放的做法是为了能够尽早地适应变化的环境和尽早地发现过时的假设。为了实施这种做法，你必须考虑把讨论风险和承担风险的方式转变到一个更加积极的思维框架之下。

在你能够全面地实施第五个步骤之前，你必须完成前四个步骤。实施第五个步骤所需要的部分信息是与承担风险潜在的损失有关的，但这并不是这里要讨论的主要内容。恰恰相反，需要强调指出的是，你公司风险承担人员所承担风险的方式将转变你和他们对公司许多重要事宜的认识与理解，其中包括公司所面临的风险以及哪些项目、客户和新业务是值得追求的。

识别关键的利益相关者

通过在董事会层面进行公司成功的主要成分分析，你将会发现一些对于你公司的成功起关键性作用的人物。他们包括高营销额的客户、关键的供应商、你公司行业中的专家、退休的高管及基层员工、在职的基层员工、监管机构、流动性供应商和其他任何对你公司的信任度发生积极变化的实体。这些实体将会大大降低你公司的资金成本并提高你公司的竞争力。

通过上面概括的五个步骤，一些人物的名字将会涌现，尤其是来自基层员工的名字，他们可能从未被董事会视为公司成功的基石。随着时间的推移和你公司需求的改变，你需要不断地扩大和更新这个名单，并要让这些人知道，他们是你公司成功的重要组成部分。

解决环境、社会和治理的有关问题

很像我前面提到"利益相关者"这个名词时的反应，当一些人听到环境管理、社会责任或者是企业经营管理体系的经营实践（通常被简称为 ESG）的时候，他们会质疑并假设，这一定是外界的各方想要限制公司追求利润的另一种方式。实际上，有数据表明这种观点是与事实背道而驰的。早在 2009 年，当我第一次与投资经理开会，讨论公司治理在改善投资组合绩效的价值的时候，持怀疑态度的人比比皆是。当然这也无可非议，因为那时我们刚刚从大多数投资经理所经历过的最糟糕的金融市场环境中走出来，为新的理念而承担风险被认为是有可能终结自己的职业生涯的。因此，认为"公司治理"是一个能够用于投资组合构建的风险因子的概念仍然是相当陌生的。

从那时起，根据全球可持续投资联盟的数据，基于可持续性标准进行投资的基金金额总数已经从微不足道的金额增长到超过 30 万亿美元。[1] 有人估计，在今后的二十年里还会有额外的 20 万亿美元资金进入到这种形式的投资活动中来。[2] 就像我前面提到过的，贝莱德公司首席执行官兼董事会主席劳伦斯·芬克正在带领着他拥有 7.4 万亿美元资

---

[1] 《2018 年全球可持续投资评估》，全球可持续投资联盟。

[2] 来源于皮帕·斯蒂文斯在节目中提出的，"你有觉悟投资的完全指南，一个 30 万亿美元的市场才刚刚起步"，CNBC，2019 年 12 月 19 日。

产的公司，从强调企业责任向更广泛的社区责任的方向发展。[①] 即使你现在没有计划在公开资本市场上融资来支持你的商务活动，上面提到的发展应该清楚地显示了商业环境的改变以及所有的资本供应商期望的改变。如果你还没有很好地提高你公司承担风险的能力，你可能将会付出高于你竞争对手的代价。

或许为了减轻任何对 ESG 的消极反应，让我们视它为公司治理的一个评价标准，ESG 中 "G" 倾向于注重标准化的 "是" 与 "否" 的问题，例如董事会主席与首席执行官的职位是否独立分开，以及其他类似的问题等。从某种程度上讲，治理注重的是公司的生存方式、追求目标的方式和公司所表达的价值观。回答这些治理的问题不仅要 "纸上谈兵"，还要依靠公司的实际行动以及公司所建立的运营环境。治理应该关注 ESG 因素及其对你公司价值的影响。

识别差距与不足

你知道自己的职业生涯很成功，其他的人也证实了这一点。环顾一下你公司的董事会会议室，在座的每一位董事会成员，不论在过去所做的事业里还是在目前正在从事的工作中，他们都取得了不同程度的成功。然而，在董事会成员之间建立信任最基本的除了谦逊和尊重外，还有就是要认识到随着你公司承担风险投资组合发生变化，对于你公司的战略思想家（译者注：即董事会成员）的要求也会发生变化。

在我从事的工作中，我在维权投资人（股东）与其标的公司的董

---

① 《资产管理规模估算》，2019 年 12 月 31 日。来源：www.blackrock.com，《有关贝莱德：我们是谁》，最后访问时间 2020 年 3 月 31 日。

事会之间做调解人，帮助双方去理解对方立场的优点。曾经有这样一个案例，一家公司的维权投资人（股东）在任命董事会成员时遇到了出人意料的阻力。这种阻力是股东与董事会之间关系紧张的原因之一。我与他们合作的目的是改善他们的关系以建立彼此之间信任。在这一过程中变得逐渐明朗的是，这家公司还需要更好地认识其现有董事会成员在专业才能方面所存在的差距与不足。

正如你可以想象的那样，这一新情况使得我的顾问咨询项目变得更加像走钢丝一样困难。这家公司业务所属的行业面临着严格的监管、激烈的竞争、快速的技术变革、资金不足及养老金负债、沉重的固定基础设施投资负担和不断变化的客户需求。此外，由于竞争压力和监管要求，市场并没有给这个行业的公司留下多少产品与服务定价方面的自主权。

为了成功地应对激烈竞争的挑战，其中每一个挑战都有可能将公司其他的业务打压到失去价值甚至失败的境地，我们对公司的战略需求做了一次民意调查。尽管每一位董事会成员对公司的成功都做出了承诺，但是这次民意调查的结果显示，没有一位董事会的成员在他的职业生涯中曾经解决过这家公司当时所遇到的一半问题。有的董事会成员甚至在他担任领导职务期间，从未处理过这家公司当时所遇到的任何问题。维权投资人（股东）已经认清了这一缺陷及其潜在的长远影响。但是对董事会整体而言，并没有认识到这一点。

虽然通过调解，我们能够改善维权投资人（股东）和董事会之间的关系，但是，当需要考虑真正变革的时候，公司的董事会成员却利用了他们所拥有的政治资本来确保他们对董事会持续的控制。也许，因为惧怕在经验方面的差距与不足被人指出，所以触发了他们"抗拒而不是逃跑"的反应。无论如何，由于董事会的不妥协，该公司将会在未来的几年里因这种阻力而受到损害。他们没有看到正朝向他们迎面而来的"灰犀牛"，或者说，他们根本没有正确的经验能看出"灰犀牛"。

你必须与董事会的同事就存在的差距与不足进行开诚布公的讨论，这些差距与不足会影响你自信地承担风险的能力。这并不意味着你必须要求其他的董事会成员离职，尽管在有的情况下你也许不得不这样做。通过你的提名委员会，你可以考虑扩大你的董事会，或者是大幅度地提高自己在风险治理方面的能力。随着你替换掉退休的董事会成员，你需要寻找那些真正具有公司治理能力的人来填补董事会需求的空缺。

向那些为抵御风险的能力做了准备的人学习

在对新冠肺炎疫情做出应对与调整的期间，大多数的公司都同时经历了日常工作的干扰，有很多公司甚至完全没有考虑到如何继续维持他们利益相关者的信任。例如，解雇那些抱怨可能被病毒感染的员工、告诉尚未被付款的供应商他们可能会被拒付，以及其他更多的行动，显示出自私的和由恐惧驱使的生存反应。

但是，通过"得克萨斯月刊"两位记者报道的一篇故事，我们也了解到了像得克萨斯州一家深受客户喜爱的副食店 H－E－B 一样的公司。[1] 根据这篇报道，在 2020 年 3 月上旬，H－E－B 公司就已延长了员工的病假期限，并且迅速在各个商店实施了社交隔离措施，他们还调整了商店的营业时间，以满足上货人员的工作需求，同时还专门为有关新冠肺炎疫情的事宜提供了紧急热线电话服务。在 3 月中旬，他们还将

---

[1]　丹尼尔·所罗门和宝拉·福布斯，《H－E－B 是怎样为新冠肺炎疫情做好准备的内幕报道》，得克萨斯月刊，2020 年 3 月 26 日。

商店员工的小时工资提高了 2 美元。

从 2005 年以来，作为他们整体的紧急问题应对规划的一部分，这家公司一直都在筹划一个针对流感和其他疫病大流行的应急方案。H－E－B 公司的总裁克雷格·柏岩表示，"我们要成为得克萨斯州强大的应急响应者，认真地照顾好得克萨斯州的社区。"这是一个明确和直截了当的声明，可以与利益相关者建立信任。这也是民众对这家公司赞不绝口的原因。

H－E－B 公司是有疫病大流行应急方案的。到 2020 年 2 月上旬，他们就开始将这个应急方案像沙盘推演一样付诸实施了，就像我们在第四章中所讨论过的那样。随后，他们一边与其供应商保持密切的联系，一边观察中国、意大利和西班牙的零售商的做法，以学习他们应对疫情的经验。H－E－B 公司汇报说，他们得到了其商业伙伴广泛的合作。

在新冠肺炎疫情的初期阶段，我们只是刚刚看到疫情对经济的冲击和人员的死亡。因此，我们也无法知晓 H－E－B 公司的应急方案是否能够继续维持其成功。不过，我们的确知道，H－E－B 公司做得非常出色，赢得了利益相关者更多的信任。尽管这些利益相关者面临着同样巨大的挑战，但他们当中很少有人能够像 H－E－B 公司那样，对疫情做了事先的紧急响应准备。

克雷格·柏岩还表示，"我们自我定位是一个由目的驱动的公司，我们在危机来临的时刻处于最佳状态。"了解你的目的和成功的驱动因素是十分关键的，同时你还可以从他人的例子中汲取经验。

根据 2019 年安永咨询公司的一份调研报告，仅有 21% 的董事会成员认为，应对不利风险事件的发生"已经做好了充分的准备"。在 2019 年回答该问题的时候，任何参加民意调查的董事会成员都不可能考虑到全球性的新冠肺炎疫情及其广泛的影响。相比之下，在 2020 年 4 月进行的一次民意调查中，DCRO 的成员表示，即便正处于新冠肺炎疫情期间，仍有近70%的公司对其抵御风险能力规划的有效性表示满意。此外，74%的公司都已经在讨论如何进一步改善他们的规划了。这些数据表明，一个积极的知识构建循环已经在这些公司中建立起来了。上述两个民意调查的结果是毫不令人感到意外的，因为 DCRO 占绝大多数的成员都是来自那些已经表现出对风险治理高度重视公司的董事会成员、首席风险官和其他公司高级行政管理层的管理人员。

而且，作为最后一个例子，我们必须强调互联网在总体经济抵御风险能力中的作用。互联网旨在确保紧急事件下，例如核战争时期的通信畅通。在这次新冠肺炎疫情期间，互联网资源使得研究人员能够进行交流沟通和数据共享，从而最终以更快、更创新或者更有效的方式来应对危机。

在新冠肺炎疫情期间，互联网信息交流不仅使得被迫居家的人们能够远程工作，从而减轻疫情对人们经济收入的冲击，还促进了公众教育，告诉人们应该怎样做才能够最大限度地减少病毒的传播。网络抵御风险的能力使得许多人能够继续他们的工作，尽管效益与以前相比可能有所不同，但其抵御风险的能力创造了价值。

与委员会楷模成员互动

近年来，国际董事与首席风险官集团表彰了一小批董事会成员，并称他们为"DCRO 楷模"。到目前为止，只有不到20人获得了这一荣誉称号。在 www.DCROI.org 的网站上你可以找到他们的姓名和简历。一位 DCRO 楷模所应该具有的特征包括诚信、创新、领导力和服务。这些也正是我们要在作为一个整体的公司和在公司的领导个人身上所要寻求的品质（有关这些品质的更多细节请看下文）。

这些你所看到的属性在本书的许多地方都已经被直接地或者间接地提到过了。具有这些楷模特征的人或者公司，有助于对你公司未来价值和实现目标的能力产生积极的影响（译者注：即产生正偏态的分布）。

DCRO 楷模成员的特征

诚信——他（她）是在言谈话语中和行为举止上都表现出了追求最高道德标准的人。他（她）是被市场或者是其他的公共媒体公认为具有高度职业标准的人。他（她）是对风险和风险治理的重要性具有高度理解的人。

创新——他（她）是表现出努力工作并在追求公司的目标过程中承担风险和治理风险的人。他（她）是被公认在治理风险创新方面作出贡献的人。他们采取独特和有效的方法在工作中改善风险治理。

领导力——他（她）是展现并保持勇气和领导力的人，并尽可能帮助那些依靠他（她）们而取得成功的人。他（她）是深受同行、市场或者其他的公共媒体信任的人，并展现出了超越其所在的行业或领域中一般典型人物的优秀个人品质。

服务——通过专业协会或者是其他途径，他（她）们将宝贵的时间和资源致力于持续不断地改善公司内部和外部的风险治理。

你可能已经认识许多像 DCRO 表彰过的董事会成员一样的人，我鼓励你主动地去跟他们联系并分享你可以分享的最佳实践。像 NACD（美国全国公司董事协会）一样的组织也依据他们自己的标准表彰了模范。简言之，通过我们的行动和最大限度的合作，我们希望大家都能够在这样的楷模光环之下受到表彰。

拥抱多元化的意见

我一再强调信任的价值。承担风险是为了增强公司中所有资本提供者的信任。我还提到董事会成员需要谦逊和相互尊重，并寻求与他们认可的思维理念不同的意见。

这意味着多元化的经历、性别、文化、行业、教育背景等。这是一个董事会获得成功的关键。但更重要的是创造这样一种环境，使得每一个董事会成员在董事会中能够"人尽其才"。这并不意味着在讨论中你不能相互挑战。但是，这些挑战需要以一种尊重和开放的初学者心态来应对。

在写作过程中进行调研是我喜欢写书和写文章的原因之一。世界上到处都是了不起的思想家，他们在广泛的主题方面为我带来了新的视角。正是因为这些人，我自己的工作也做得越来越好。

带着谦逊心态发现更广泛的机会

我工作做得越来越好的另一个原因就是我过去遭遇的失败与曾经犯过的错误。幸运的是，这些使我依然活跃并成为我宝贵工作经验中的一部分。

在现实生活中，经历了家庭的悲剧和疾病的困扰，我也变得更加谦逊和知道感恩。我们中间的许多人都有过类似的经历。在我撰写这本书的时候，人们正在付出巨大的努力来避免大规模悲剧的发生，以及随之而来的人力和财力的损失。尽管互联网抵御风险的能力为我们抵御危机作出了积极的贡献，但它也使得我们更加深刻地认识到，新冠肺炎疫情对不同的收入水平和不同的人口群体中所造成的经济和健康的冲击是不均匀的。你可以选择发挥你的才能来着手解决这一个突出的社会问题。

我们都是凡人，我们对于人类社会作出贡献时间的长短也是不确定的。我们尽最大的努力与我们的孩子、我们的同事，以及我们在路上遇到的其他人分享我们学到的经验与教训。

在这些努力中，每个人都会经历成功和失败。但是，通过董事会的努力，并在追求公司不断完善的过程中以积极的态度拥抱风险，我们就将立于不败之地。公司是复杂的系统，只要我们创造和培育成功所需要的条件，公司的组成部分就会随着时间的推移以成功的方式发生变化。

这就是我们董事会的机会，这也是我们的主要信义责任。

面向未来

首先，我希望这本书能在你和你的董事会同事之间激发有关积极承担风险的新的对话。

其次，我希望你能与其他的人分享这本书。

再次，我希望你能够充分利用向你提供的与本书所覆盖的内容直接相关的线上资源。

最后，我希望你能够与我分享你对这本书和书中理念的反馈。如前所述，我很乐意向别人学习，并且知道在改善我们大家如何共同努力实现我们的服务使命方面，仍有许多需要思考的内容。

请带上这本指南并享受你的旅程。

附　录　正偏态分布的意义和重要性

在本书中，我经常用到"正偏态分布"这个名词。如果你对这个名词不熟悉，我希望这个附录对你会有所帮助。另外，我还会用一些简单的示意图来说明正偏态分布的重要性。

当风险管理人员或者是统计人员试图描述一些他们不甚了解但又想测量的事物时，他们经常使用所谓的"概率分布"来得到他们最佳的猜测结果。例如，如果你想要知道明年的股票市场可能会涨多少，你可以先看一下在过去的年份里你所拥有的所有股票市场的绩效数据，然后再来猜测一下明年股票市场行情会怎么样。你或许还对明年的股票市场绩效范围有一些大概的感觉，即你估算的误差大概是多少。我只不过是用这个简单方法作为一个例子而已，并不是推荐用这样的做法去做投资。

下面是众所周知的"正态分布"曲线，它显示了未来价值的预期值在中间，并且具有相同的可能性大于或小于这个预期值。

如附录图 1 所示，预期值的左侧与右侧是镜面对称的。如果你从曲线上任何一个低于预期值的点开始，先画一条垂直线向下到横轴，接着再画一条水平线向左到竖轴，竖轴上的值告诉你实际的未来值低于横轴上所对应值的概率密度是多少（译者注：左边曲线下侧与横轴之间的面积则代表了所对应的概率是多少）。当所用的分布曲线

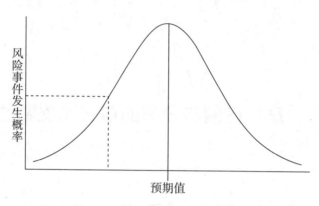

附录图1　正态分布示意图

准确地反映了未来，这种方法有助于确定信用评级，或者是计算你必须要拥有多少资本金才能够支持你的业务。你也可以用这种方法来测量对于一个新的产品、新的投资，或者是新的项目你所需要的风险资本。但是请注意，事实上没有未来价值的分布看起来像正态分布曲线！

　　附录图2中的两张图分别显示的是具有"负偏态分布"和"正偏态分布"的曲线。你看到它们的形状是不一样的了吗？

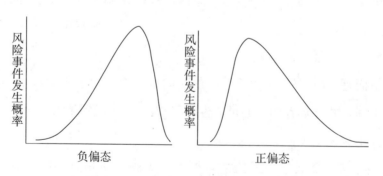

附录图2　负偏态分布和正偏态分布示意图

　　正偏态分布曲线在左侧上升得更陡峭。从中心向左，这个曲线并没有延伸过去多少；但是从中心向右，这个曲线延伸过去很多。如果这个分布曲线是可能的未来价值的一个准确的描述，它意味着在未来有更大的可能性看到非常大的价值增加和有较小的机会看到较大的损失。对于你公司的未来价值来说，通过增强抵御风险的能力，你也可能得到这样形状的曲线。你需要培育我们在本书中讨论过的创新，并将其与其他书中所提到过的，有助于在危机发展到有可能极大地摧毁价值之前就能够及时地将其阻断的措施相结合。

　　另一个有关正偏态分布有趣的地方是，在附录图 3 中所显示的中位数是与对称的正态分布的中位数完全一样的，即有一半的数值是在中位数之上，而另一半的数值是在中位数之下。但是，由于可能获利的数目较多而可能损失的数目较少，所以正偏态分布下未来价值的预期值大大超过负偏态分布下的预期值。这意味着你公司的价值会更高，你的努力更有可能是在创造价值而不是在摧毁价值。

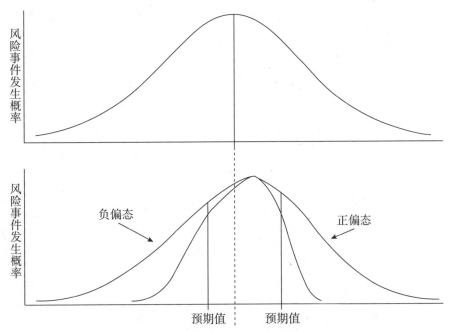

附录图 3　正态分布以及负偏态分布和正偏态分布示意图

　　我们在本书中所讨论的所有内容都是围绕要使你公司的未来价值形成一个像正偏态形状的分布。我们希望你变得更有价值，这样无论你做什么，都能更好地完成使命。

　　如果你能够这样坚持地做下去，你的公司将会比其他公司更容易持续不断地吸引各种形式的资本，包括实物资本、人力资本、金融资本等。并且，你就会比那些只承担风险而不具有你所拥有的风险治理知识的公司更加成功。那些公司可能会拥有负偏态分布的未来。

　　而我们希望拥有正偏态分布的未来！

图书在版编目（CIP）数据

董事会成员的风险指南／（美）戴维·R. 柯尼格（David R. Koenig）著；
（美）丁大庆译 . —北京：中国财富出版社有限公司，2022.9

书名原文：The Board Member's Guide to Risk

ISBN 978 - 7 - 5047 - 7755 - 3

Ⅰ.①董…　Ⅱ.①戴…　②丁…　Ⅲ.①董事会—管理体制—风险管理—指南　Ⅳ.①F271.5 -62

中国版本图书馆 CIP 数据核字（2022）第 160115 号

著作权合同登记号　图字：01-2022-3036

The Board Member's Guide to Risk

Copyright © 2020 by David R. Koenig. All rights reserved.

董事会成员的风险指南

版权所有© 2020 戴维·R. 柯尼格，版权所有，侵权必究。

策划编辑 张天穹		**责任编辑** 邢有涛　张天穹			**版权编辑** 刘斐	
责任印制 梁 凡		**责任校对** 卓闪闪			**责任发行** 黄旭亮	

出版发行　中国财富出版社有限公司

社　　址　北京市丰台区南四环西路 188 号 5 区 20 楼　　**邮政编码**　100070

电　　话　010 - 52227588 转 2098（发行部）　　010 - 52227588 转 321（总编室）

　　　　　　010 - 52227566（24 小时读者服务）　　010 - 52227588 转 305（质检部）

网　　址　http：//www.cfpress.com.cn　　**排　　版**　宝蕾元

经　　销　新华书店　　**印　　刷**　宝蕾元仁浩（天津）印刷有限公司

书　　号　ISBN 978 - 7 - 5047 - 7755 - 3/F·3490

开　　本　710mm×1000mm　1/16

印　　张　8　　**版　　次**　2023 年 1 月第 1 版

字　　数　107 千字　　**印　　次**　2023 年 1 月第 1 次印刷

印　　数　0001 - 2500 册　　**定　　价**　68.00 元